Bretagne

Streifzüge in Geschichten und Bildern

Lisalina Sagner
Yannic Busbach

Herausgeber: 9 LEBEN Verlag
51375 Leverkusen
Germany
www.9lebenverlag.de

Bilder und Illustrationen: Yannic Busbach, © 2013
Wikimedia (gemeinfrei)
Texte: Lisalina Sagner, © 2013

Buchsatz: 9 LEBEN Verlag
1. Auflage 2013

ISBN: 1497411416
ISBN-13: 978-1497411418

FÜR PETER UND MEINE ELTERN, WEN SONST?

INHALTSVERZEICHNIS

1 Einleitung oder Schuld ist die Amoco Cadiz

Die Bretagne ist eine Welt für sich. Sie ist sie vor allem eine granitene Halbinsel, auf der Fischer mit einem nicht immer freundlich gesonnenen Meer ringen und Bauern dem kargen Boden Feldfrüchte entreißen. Immer noch hat die Bretagne eine enge Bindung zu den Britischen Inseln, insbesondere zu Wales, der ursprünglichen Heimat vieler Bretonen.

Diese Halbinsel, dieser westliche Zipfel Frankreichs übt einen feinen Zauber aus. Die Liebe begann schon früh, genauer gesagt: im März 1978 – mit einem Öltanker.

Es ist 9.45 Uhr morgens. Die Amoco Cadiz befindet sich westlich der Ile de Ouessant und Kapitän Bardari muss einem falsch fahrenden Kleintanker ausweichen. Damit beginnt eine verhängnisvolle Verkettung von Missverständnissen und Unglücken, die schließlich dazu führen, dass der Tanker in drei Teile bricht und sich 220.000 Tonnen Rohöl ins Meer vor dem bretonischen Fischerdorf Portsall ergießt. Auf mehr als 400 Kilometern Länge ist der Strand mit Öl verseucht, 20.000 Vögeln verenden und unter Wasser sieht es auch nicht besser aus. An einem Tag werden etwa 28 Millionen tote Tiere – Fische, Muscheln, Seeigel, Schnecken – aus dem Meer geborgen. Es ist eine furchtbare Tragödie. Das ist die Zeit, als ein Freund in die Bretagne reist. Er möchte beim Strandsäubern helfen. Aus den geplanten vier bis sechs Wochen wird ein halbes Jahr. Begeistert schildert er mir in seinen Briefen, wie er das erste Mal an einem Fest-Noz (Nachtfest) teilnimmt. Kinder tanzen, ältere

Menschen tanzen und selbst Jugendliche im Disco-Alter tanzen mit. Besonders angetan hatten es ihm der charakteristische, bretonische Wechselgesang (Kann-ha-Diskan) und die bretonische Musik. Verzückt schwärmt er von der Bombarde (einer Art Oboe), von der Biniou (Dudelsack) und wie herrlich anders diese Musik doch sei. Unbedingt, so schreibt er, unbedingt musst Du Dir eine LP von Alan Stivell kaufen. An diesen Zeilen merkt der aufmerksame Leser, dass ich bereits Zeiten erlebt habe, als man sich glücklich schätzte, einen Plattenspieler und einen Kassettenrecorder zu besitzen. Das Zeitalter der CDs und mp3-Player lag noch in weiter Zukunft. Ja, ich war damals 18 Jahre jung und Tage später stolze Besitzerin einer Alan Stivell-LP, die ich immer noch habe. Sie sollte nicht die einzige bleiben.

Hocherfreut sah ich, dass die Texte auf dem Innencover zu finden waren. Zu meinem Kummer konnte ich jedoch kein einziges Deutsch-Bretonisches Wörterbuch auftreiben. Wie sollte ich die Texte übersetzen und verstehen, was gesungen wurde? Ich schrieb meinem Freund in Portsall und er schickte mir ein Französisch-Bretonisches Wörterbuch. Das, was jetzt kommt, macht man vermutlich nur mit unbekümmerten 18 Jahren. Ich glaubte ernsthaft „en passant" ein Deutsch-Bretonisches Wörterbuch kreieren zu können. Wohlgemerkt, im Zeitalter der Schreibmaschine! Munter begann ich mit dem Buchstaben „A". Arc'hoazh = demain = morgen, Aobronez = Messieurs = Herren, Avel = vent = der Wind. Die Tage verrannen. Ganz ehrlich: Ich kam nur bis zur Mitte von „B". Breudeur = frère = Bruder, Bugale = enfants = Kinder … O la la – mir dämmerte langsam, dass ich mich wohl von meinem Studium verabschieden und sämtliche Sozialkontakte kappen müsste, wollte ich in diesem Leben noch bis „Z“ vordringen.

Jahre später erhielten ich und meine Freunde die Gelegenheit, den bretonischen Wechselgesang und die typischen Tänze der Bretagne (meist Ketten-, Reihen- und Kreistänze) näher kennen zu lernen. Ausgerechnet in der deutschen Provinz. Eine Gruppe deutscher Musiker hatte sich der bretonischen Musik verschrieben und lud in unserem Nachbarort, bewaffnet mit Drehleier, Akkordeon und Bombarde, alle paar Wochen zum Bal Folk im Gemeindezentrum. Was für ein Spaß! Jung und Alt drehten sich im Kreis, promenierten und versuchten mit roten Wangen die Schrittfolgen einzuhalten.

Die Bretonen mit ihrer eigenständigen, keltisch-geprägten Kultur sind alles andere als „französisch“ – sie sind sehr anders, das weiß jeder, der schon einmal einen Asterix-Band in den Händen gehalten hat. Mit diesem Buch wollen wir Ihnen Lust auf ein ganz besonderes Land machen. Lassen Sie sich entführen! Die Reise geht nicht nach Kleinbonum, die Reise geht in ein Land jenseits der Touristen-Klischees. In ein bezaubernd eigenwilliges, wildes Land.

»Wir befinden uns im Jahre 50 vor Christus. Ganz Gallien ist von den Römern besetzt. Ganz Gallien? Nein! Ein von unbeugsamen Galliern bevölkertes Dorf hört nicht auf, dem Eindringling Widerstand zu leisten.«

2 Die berühmtesten Kelten ...

Diejenigen unter uns, die als Kind von Asterix nicht genug bekommen konnten, kennen diese Sätze auswendig. Asterix und seine Dorfbewohner nennen ihre Heimat »Aremorica«. Kein Geringerer als Gaius Iulius Caesar erwähnte „Aremorica“ erstmals schriftlich. Tatsächlich bezeichnete Aremorica, auch Armorica (von keltisch are-mor = vor dem Meer) in der Antike die nordwestliche Küste des heutigen Frankreichs zwischen den Flüssen Seine und Loire; also ungefähr das Gebiet der heutigen Normandie und der Bretagne. Aremorische Häuptlinge schließen zu Beginn des 5. Jahrhunderts unter dem weströmischen Kaiser Honorius ein Waffenbündnis zum Schutz gegen die Überfälle der Germanen. Das Waffenbündnis hält bis König Chlodwig I. das Land erobert.

Flucht von der Insel

Ab dem 5. Jahrhundert müssen sich die von Angeln, Sachsen und Jüten bedrängten Ur-Briten verstärkt neue Siedlungsgebiete suchen. In Scharen verlassen sie ihre Heimat Wales und Cornwall und strömen auf den Kontinent, in das Gebiet der heutigen Bretagne. Unter den Flüchtenden sind auch Mönche, die in der Bretagne ein keltisches, von Wundern geprägtes Christentum einführen. Die Legenden, Geschichten und Traditionen vermischen sich. Kelten waren die Vorfahren der Bretonen und die bekanntesten Kelten aller Zeiten sind ganz sicher Asterix, Obelix, Miraculix und Majestix.

»Wir sind Kelten«, das sagen die Bretonen immer noch von sich. Und aus Gewohnheit trotzt man gerne fremden Besatzern, wie die wechselvolle Geschichte der

Bretagne zeigt. Paris? Wen interessiert Paris? »Wir sind Kelten!« Und so steckt doch ein kleines Körnchen Wahrheit in der berühmten Comic-Serie.

Wenn man die EU-Verhandlungen verfolgt, kann man leicht den Eindruck gewinnen, England und Frankreich hätten nicht allzu viel miteinander gemein. Dabei haben diese beiden Länder für einen regen Austausch ihrer Bevölkerung untereinander gesorgt. Als um 300 nach Christus das Römische Reich erste Auflösungserscheinungen zeigt, fallen immer wieder

Germanen in das Gebiet der heutigen Bretagne ein. Die Bevölkerung flieht. Einsame Landschaften und brachliegende Felder im Nordwesten Frankreichs sind die Folge. Zur gleichen Zeit setzen auf den Britischen Inseln Angeln, Sachsen und Jüten der Ur-Bevölkerung zu. Sie fliehen auf das Festland, in die Bretagne und beginnen das Land zu bestellen.

Einige hundert Jahre später geht die Chose wieder anders herum. Wir erinnern uns an die Schulzeit und an William den Eroberer. Zwischen dem 11. und 13. Jahrhundert wandern viele Nordfranzosen (Normannen) in das heutige England ein. Da sage mal einer, die beiden Länder hätten keine Gemeinsamkeiten.

Die einwandernden Briten geben ihren neugegründeten bretonischen Klöstern und Dörfern Namen aus ihrer alten Heimat. Der eingewanderte Kelte Gradlon benennt seinen Herrschaftsbereich in der Bretagne nach seiner verlassenen Heimat Cornwall: Cornouaille (frz.). Da es ihm gelingt, sich ein großes Gebiet zu unterwerfen, wird er in Sagen und Legenden König genannt. König Gradlon. Dazu später mehr.

Übrigens reicht auch die Geschichte der Pferderasse der Bretonen bis in die vorrömische Zeit zurück. Wandernde Kelten sollen die Pferde in die Bretagne eingeführt haben, wie Münzfunde aus der Zeit bezeugen. Doch zurück zu den keltischen Vorfahren der Bretonen: Ende des 18. Jahrhunderts wird die „Keltomanie“ Kult. Man vermutet, die Steinreihen von Carnac und die Steingräber seien Zeugen druidischer Weisheit. Es werden keltische Namen für die steinernen Großbauwerke erfunden. „Menhir“ und „Dolmen“ sind also künstliche Begriffe des 18. Jahrhunderts. Der Hype um das Keltentum hält nicht lange an. 1835 schreibt der berühmte Victor Hugo ungerührt: »Um sich von der Bretagne zu reinigen, braucht es einen Ozean.« Na, danke auch.

Seit 40 Jahren treffen sich einmal im Jahr die letzten Nachfahren der keltischen Völker und ihre Anhänger

zum *Festival interceltique* im bretonischen Lorient. Das Keltentum hat sich längst zu einem eigenen Wirtschaftszweig, mit „keltischen“ Merchandisingprodukten entwickelt. Die Zeit macht weder vor dem Teufel, noch vor der Moderne Halt. Das gilt auch für das Keltentum.

3 Menhire und Hinkelstein-Alleen

Überall in der Bretagne trifft man auf Menhire (bretonisch *men* = Stein, *hir* = groß), wie Hinkelsteine auch genannt werden. Auch wenn es eine amüsante Vorstellung ist, dass Obelix fleißig in seinem kleinen Steinbruch die Hinkelsteine bearbeitet – zu Zeiten von Obelix & Co., um 50 vor Christus, ist die Megalithkultur längst untergegangen. Die Hinkelstein-Alleen in Carnac entstanden im 3. Jahrtausend vor Christus. Diese Menhire und Steinreihen geben den Wissenschaftlern bis heute Rätsel auf. Warum wurden diese Steine aneinander gereiht? Wozu dienten sie? Und wie schaffte man das 3000 vor Christus ohne Zaubertrank?

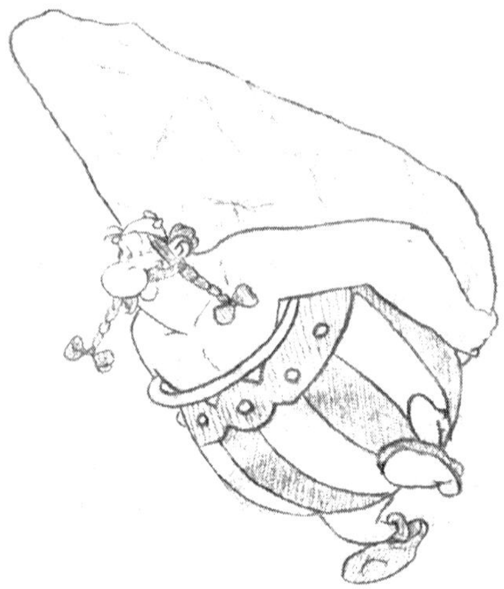

Abstruse Theorien über den Zweck der riesigen Bauwerke aus Stein entsponnen sich im Laufe der Zeit. Nur Riesen, Hexen, Zauberer oder gar der Teufel selbst seien in der Lage, diese schweren Steine aufzurichten, heißt es. Und wenn diese es nicht waren, dann sind diese Menhir-Reihen vielleicht das Werk der Römer, Wikinger oder keltischer Druiden? Und kommen nicht bei genauerer Betrachtung auch die Bewohner von Atlantis oder Außerirdische in Betracht? Die Fantasie kennt im Laufe der Jahrhunderte keine Grenzen.

Hätten die Menschen der Megalithkultur uns doch bloß schriftliche Zeugnisse über den Sinn und Zweck ihrer

Steinbauten hinterlassen, dann wäre alles geklärt, so aber halten sich hartnäckig verschiedene Theorien. Eine davon: Die Steine bildeten eine astronomische Anlage. Andere glauben, es seien Grenzmarkierungen oder eine Art heilige Landschaftsgestaltung. „Schöner Wohnen“ in der Megalithkultur? Fakt ist: Nur circa ein Drittel der Steine steht noch an ihrem ursprünglichen Platz und so wird jeglicher Beweis für eine Theorie schwierig.

Die schwierige Beweisführung hat auch ihr Gutes. Die Bretonen mit ihrem keltischen Erbe lieben es, Geschichten zu erzählen. So ranken sich in der Bretagne um nahezu jeden Menhir auch kuriose Geschichten.

»Über Carnac wird mehr Unsinn geschrieben, als es dort Menhire gibt.«

Gustave Flaubert

Zwei dicht beieinander stehende Menhire können gar nichts anderes bedeuten, als ein zu Stein erstarrtes Liebespaar. Wer weiß, vielleicht konnten sie die Hochzeitsnacht nicht abwarten und wurden für Ihre

Ungeduld mit Versteinerung bestraft? Vielleicht sind die Steinreihen in Carnac versteinerte römische Soldaten, die in ihren Gefechtsreihen erstarrten? Musste nicht einst Cornelius, der Nachfolger von Petrus in Rom, hierhin flüchten, weil er sich weigerte, dem römischen Kriegsgott Mars Opfer zu bringen? Der römische Kaiser schickte eine Armee, um ihn gefangen zu nehmen. Cornelius flehte um Hilfe. Vielleicht ließ Gott die Häscher zu Stein werden? Und nicht zu vergessen: Zwischen den Menhiren hüpfen nachts die Korrigans umher – die typischen, bretonischen Elfen.

Kein Zweifel: Das größte Megalith-Feld der Welt, Carnac, gibt Rätsel auf und ist auf jeden Fall immer für mindestens eine Geschichte gut.

4 BÄUCHE REIBEN AM MENHIR

Zwischen Plouarzel und Saint Renan bahnt man sich durch Ginsterbüsche und an einem Maisfeld vorbei den Weg zum

größten, noch aufrecht stehenden Menhir der Bretagne, dem Menhir von Kerloas.

In etwa einem Meter Höhe weist der Menhir Dellen und phallische Symbole auf. Der Grund dafür ist ein alter Brauch, der sich bis ins 19. Jahrhundert gehalten haben soll. Brautpaare mussten vor der Hochzeit ihre Bäuche an den beiden Beulen des Menhirs reiben. Männer pressten ihren Unterleib an den Koloss, um männlichen Nachwuchs zu bekommen; die Frauen taten es, um ihre Herrschaft im Haus zu sichern.

Unter dem Menhir soll einst ein Schatz vergraben gewesen sein. An Heiligabend, um Mitternacht, pflegten die Menhire ans Meer zu gehen, um zu trinken, dann habe man den Schatz leuchten sehen. Schlag Zwölf sollen die Menhire wieder zurück gekommen sein; Schatzsucher entkamen nicht schnell genug und sollen unter dem Stein begraben liegen.

Der Granitriese wurde aus dem drei Kilometer entfernten Aber Ildut an seinen heutigen Ort gebracht. Er muss einst über zehn Meter hoch gewesen sein, doch seine Spitze brach vor Jahrhunderten bei einem schweren Unwetter ab.

5 DER WUNDERSTEIN MEN-MARZ

Men-Marz, der Wunderstein, ist ein ebenfalls christianisierter Menhir. Der circa acht Meter hohe Hinkelstein trägt ein steinernes Kreuz auf seiner Spitze, von dem es heißt, dass es von evangelisierenden Mönchen im 6. Jahrhundert unter der Anleitung von Pol-Aurélien, dem späteren ersten Bischof von St-Pol de Léon, aus dem Granit gemeißelt wurde.

6 KAMPFANSAGE - DER MENHIR VON SAINT UZEC

Auf Schritt und Tritt trifft man am Straßenrand auf Schilder, die auf Steinmale hinweisen. Einige Exemplare sind besonders lohnenswert. Weil die Bretonen nicht aufhörten, die Menhire als Fruchtbarkeitssymbole anzubeten und folgerichtig diverse Körperteile an ihnen zu reiben, ließ die Kirche ein Kreuz in die Spitze meißeln.

Der Menhir von St-Uzec ist wohl die Kampfansage des Jesuitenpaters Maunoir an das Heidentum. Fährt man auf der alten Straße von Penvern nach Pleumeur-Bodou kann man den acht Meter hohen und drei Meter breiten Menhir des Heiligen Uzec gar nicht übersehen. Der 60 Tonnen schwere Granitkoloss ist der größte Menhir mit christlichen Symbolen in Frankreich. Vermutlich wurde er um 2500 vor Christus aufgerichtet.

1674 tritt der Jesuitenpater und Missionar Julien Maunoir auf den Plan. Nach einer Blutvergiftung hatte er gelobt, sein Leben der Mission in der Bretagne zu widmen, worauf er – oh Wunder – geheilt wird. Er versucht Bretonisch zu lernen und betet einen ganzen Tag lang zur Heiligen Jungfrau für bessere Sprachkenntnisse. Siehe da: Am nächsten Tag schon verfasst er den bretonischen Katechismus. Maunoir bekämpft energisch Heidentum und Irrglauben, wo immer er diese auszumachen glaubt. Der Menhir von Saint Uzec bleibt nicht verschont. Er lässt ihn „christianisieren". Man verpasst ihm ein Kruzifix, lässt an der Südseite den Mond (der Tod), die Sonne (die Auferstehung) sowie Hammer, Nägel, Peitsche und andere Passionswerkzeuge Christi eimeißeln. Rechts und links sieht man einen Speer und einen Stock; die Hand von Pilatus, eine Frau auf den Knien und den Hahn, der Sankt Peter verleugnet.

Die Christianisierung der „heidnischen" Symbole ist ein cleverer Schachzug, denn auf diese Weise konnte der Menhir als Station in christlichen Prozessionen einbezogen werden.

7 RÄTSEL UM SCHWERE BROCKEN

Dolmen und Menhire, dazu Cromlechs und Cairns – wer in die Bretagne reist, kommt unweigerlich mit den monumentalen Bauwerken aus der Jungsteinzeit in Berührung und lernt auch gleich neue Begriffe, wie etwa Megalithkultur (von griech. *Mega* = groß, *lithos* = Stein).

Warum etwa 5000 Jahre vor Christus die Menschen

damit begannen, ohne Kräne und andere Hilfsmittel, riesige Steine aufzustellen und gigantische Grabanlagen zu bauen, ist bis heute ein Rätsel. Was waren das für Menschen, woher kamen sie? Wozu dienten diese Riesensteine? Und wie stellten sie es an, diese tonnenschweren Ungetüme aufzurichten? Viele Fragen und bis heute nur wenige Antworten.

Mit der Einführung des Christentums ist die Verehrung der Steinmonumente der Kirche zunehmend ein Dorn im

Auge. Erbittert bekämpft die katholische Kirche das mit den Steinen verbundene Brauchtum. Man verdammt den Steinkult auf mehreren Konzilien, fasst entschlossen Synodialbeschlüsse, warnt vor der Sünde, Steinen statt dem Kreuz zu opfern, man droht mit Exkommunizierung, man gräbt die Steine aus, man lässt sie verschwinden –kurzum, keine Gelegenheit wird ausgelassen, um das heidnische Treiben zu unterbinden. Erfolglos. Das bringt die Kirche auf die Idee, die heidnischen Steine in die Kirche zu „integrieren". Auch auf der Halbinsel Crozon wurden vor ungefähr vor 5000 Jahren Menhire errichtet, die in drei Reihen eine U-Form bilden – die Steinreihen von Lagatjar. Zahlreiche Menhire sind seitdem als Baumaterial genutzt worden, so dass man nicht wirklich sagen kann, ob diese Zahl historisch korrekt ist – es können auch bis zu 400 Steinen gewesen sein, auf einer Länge von 600 Metern.

Im Laufe der Zeit wurden manche Menhire zu Wallfahrtsorten; ihnen wurden Heilkräfte zugesprochen und kinderlose Paare sollen sich noch im 19. Jahrhundert im Kreise „fruchtbar machender Steine“ vereinigt haben.

Mit dem gleichen Ziel wurden Steine in Carnac von kinderlosen Paaren umtanzt. Bis heute verfügen diese Steine für manche über übernatürliche Kräfte. Ein besonders schönes Beispiel der Megalithkultur ist auch das Galeriegrab Allée couverte de Menez-Korriged bei Pors Poulhan. Anfang des 19. Jahrhunderts Beobachtungsposten – die Bucht von Audierne kann von hier wunderbar überblickt werden, bis man es im Zweiten Weltkrieg genau aus diesem Grund in die Luft jagte. 1990 wurde es restauriert.

Rund 5000 Menhire und 1000 Dolmen, plus Ganggräber, Cromlechs und Cairns bilden ein in der ganzen Welt einzigartiges Erbe der Megalithkultur. Dass so ein Hinkelstein auch recht kleidsam ist, zeigt uns Obelix in vergnüglicher Weise, dass es auch bretonische Meisterschaften im Menhire-Werfen gibt, ist dagegen weniger bekannt. Im kleinen Ort Guerlesquin, nahe Morlaix, werden jedes Jahr im Sommer die bretonischen Meisterschaften ausgetragen.

8 DRUIDEN, FEEN UND MYTHEN

Der Ursprung der Druiden und ihrer Riten verliert sich im Nebel der Jahrhunderte. Relativ sichere Angaben liegen jedoch über die Anwesenheit von Druiden im 6. Jahrhundert in Armorika (Bretagne) vor. Sie bildeten eine besondere Priesterkaste mit hervorragenden Kenntnissen in Naturwissenschaften und Philosophie. Keine wichtige Entscheidung wurde ohne ihr Urteil und ohne ihren Rat gefällt. Das Oberhaupt wurde auf Lebenszeit gewählt.

Die Druiden unterrichteten junge Adelige und zukünftige Druiden, sie konnten Krankheiten erkennen und wussten, welches Kraut helfen konnte. Bis heute wird diskutiert, ob sie wirklich Menschenopfer darbrachten, oder ob das nur ein römisches Gräuelmärchen ist, das Cäsar gerne über seine Feinde verbreitete.

Die Kelten glaubten an die Wiedergeburt, was sich auch in den Sätzen des Barden Taliesin spiegelt:

Ich bin in unterschiedlichen
Formen erschienen,
bevor ich irdische Materie wurde,
ich war der strahlendste unter den Sternen,
ich war der Glanz eines Lichtes ...

Der Barde Taliesin (auch Taliessin), der an wenigstens drei Königshöfen seiner Zeit als Barde wirkte.

Avalon in der Bretagne?

Liegt es an der ungezügelten Natur, den wilden Klippen, den dunklen Felsen und der oft mystischen Stimmung im Wald? Sagen, Märchen und Mythen sind in der Bretagne allgegenwärtig. Wir wissen, das Rätsel der gewaltigen Dolmen und stehenden Steine ist bis heute nicht gelöst. Doch auch die Wälder und Heideflächen bieten mit ihrem natürlichen Zauber den alten Legenden immer wieder neuen Stoff.

Der Wald von Paimpont soll Merlins Zauberwald Brocéliande sein, mit Merlins Grab, dem Tal ohne Wiederkehr, der Fee Morgana und einem gläsernen Palast auf dem Grunde eines Sees, in dem Viviane den jungen Lancelot erzog. Dieser Wald ist einer der wenigen Überreste des im Bretonischen „Argoat“ genannten Waldgebietes, welches früher das gesamte Landesinnere der Bretagne überzog.

In dem zweiten großen Waldgebiet der Bretagne, dem traumhaft schönen Wald südlich von Morlaix bei Huelgoat befinden sich die Überreste eines Keltenwalles. Dort soll das Heerlager von König Artus gewesen sein, und die Fee Dahud schwebt an dieser Stelle angeblich immer noch morgens durch die Nebelschwaden. Manche Sagen haben es inzwischen gar zu Weltruhm gebracht. Hier wäre das Liebesdrama um Tristan und Isolde zu nennen und die Geschichte vom Zauberer Merlin sowie die Artus-Sage.

Wer jemals „Die Nebel von Avalon“ gelesen hat, wird sich wundern, dass Artus offenbar allgegenwärtig war. Er soll in England, Cornwall gelebt haben, aber auch die Waliser in Snowdonia beanspruchen Artus für sich. In Glastonbury Abbey, in der englischen Grafschaft Somerset, soll er begraben sein; zumindest gibt es dort eine Gedenktafel „King Arthur and his Queen“. In Gallien hat er die Römer besiegt und natürlich gleichzeitig heldenhaft gegen Angeln und Sachsen gekämpft. Und jetzt auch noch die Bretagne. Offenbar pendelte Artus permanent über den Ärmelkanal.

Fakt ist: Die Artussage ist das bekannteste mittelalterliche Epos des Abendlandes und König Artus ist eine Sagengestalt, die in sehr unterschiedlicher Bedeutung auftaucht. Die ersten Artussagen dürften durch die vor den Angeln und Sachsen flüchtenden Ur-Briten im 5. Jahrhundert entstanden sein. Sie suchten in der heutigen Bretagne Zuflucht und brachten ihre mündlichen Überlieferungen von der Insel mit.

Ab 1066 kamen Bretonen und die bretonische Kultur gemeinsam mit den normannischen Eroberern zurück nach England, wodurch die keltisch-britische Tradition erneut belebt wurde, die sich in Wales und Cornwall ohnehin erhalten und unabhängig weiterentwickelt hatte. Mehrere insel- und festlandkeltische Traditionen verdichteten sich dann wohl im späten 11. Jahrhundert zu einer einzigen Sagengestalt namens Artus, die der Geistliche und Historiker Geoffrey von Monmouth weiterentwickelte.

Leider gibt es keine Nachweise und die Abneigung der Kelten gegen das geschriebene Wort tut ihr Übriges. Anstelle schriftlicher Aufzeichnungen lernten die als Wahrer von Tradition und Geschichte zuständigen Barden oder Druiden während ihrer 20-jährigen „Ausbildungszeit" (laut Caesar und Strabo) alles überlieferte Wissen ohne schriftliche Unterstützung auswendig und erzählten es dann weiter. Erzählen aus dem Gedächtnis heraus war auch in späteren Jahrhunderten noch eine angesehene Kunst. Dabei pflegten sie stets Historie mit Mythologie zu verweben und umgekehrt.

Wichtig war nicht der präzise historische Ablauf von Ereignissen, sondern deren historische, ethische und nicht zuletzt mythologische Bedeutung. So lässt sich erklären, wie in keltischen Sagen Göttergestalten als Menschen agieren, historische Personen hingegen zu Halbgöttern werden können.

Die Sage um Merlin, den Gral und König Artus in der Kurzversion:

Der Zauberer Merlin hilft dem jungen Artus das Zauberschwert Excalibur aus einem Marmorblock zu lösen und damit Nachfolger des alten verstorbenen Königs von Britannien zu werden. Die Adeligen fühlen sich betrogen und versuchen den unwürdigen Thronanwärter zu beseitigen. Artus kann sich jedoch behaupten und führt künftig Hof im Königsschloss zu Camelot. Merlin verhilft ihm auch zum berühmten Zauberschwert Excalibur.

The Dedication 4

By permission of the Woodbury Permanent Photographic Printing Company

Nimue, die Dame vom See (auch wahlweise Viviane, Elaine, Niniane, Nivian, Nyneve) rät Artus, auf die Schwertscheide zu achten, die ihn schützt. Bei Artus Vermählung mit Ginever (auch Guinevere, Gwenhwyvar, Ginevra) erhält er von ihr einen großen, runden Eichentisch. An diesem Tisch versammelt sich künftig Artus Tafelrunde, eine ritterliche Bruderschaft, in der die Probleme des Reiches besprochen werden. Die Fee Morgan (auch Morgaine), Artus Halbschwester, missgönnt Artus jedoch die Herrschaft und versenkt Excaliburs Scheide in einen Fluss. Und Nimue, die Dame vom See, schließt Merlin für immer in eine Grotte ein.

In einer Vision erscheint Artus der heilige Gral. Er und seine Ritter sehen es nun als ihre Lebensaufgabe, diesen Gral fern von Britannien aufzufinden. In der Zwischenzeit begeht seine Frau Ginever Ehebruch mit Sir Lancelot. Sir

Mordred, König Artus Sohn, verrät es ihm und schmiedet gleichzeitig gegen seinen Vater einen Komplott. Der Abt von Glastonbury (in einer anderen Version ist es der Papst) mischt sich ein und schlichtet den Konflikt. Ginever geht ins Kloster, Sir Lancelot flüchtet nach Frankreich. Artus Ritter verlangen die Sühnung der ermordeten Ritter und damit die Verfolgung Lancelots. Während sie darum in Frankreich jahrelang kämpfen, ernennt sich der verbliebene Königssohn Sir Mordred zum König. Britannien leidet unter seiner Schreckensherrschaft.

Artus hört von des Sohnes Hinterhältigkeiten und kehrt mit seinem Heer nach Britannien zurück. In der Schlacht unterliegt Sir Mordreds Heer. Nach den Friedensverhandlungen kommt es zur letzten Schlacht, die von der Fee Morgan ausgelöst wird. Zuletzt stehen sich die König Artus und sein Sohn als Kriegsgegner gegenüber. Artus tötet Sir Mordred und wird selbst von ihm tödlich verwundet. Sir Bedivere erfüllt Artus letzten Wunsch, zum Großen Wald gebracht zu werden, und versenkt dort schließlich im See das Schwert Excalibur. Frauengesänge bitten darum, Artus ans Ufer zu bringen, um ihn zu heilen. Daraufhin erscheint ein Boot mit schwarzgekleideten Königinnen. Artus wird ins Boot getragen. Nimue, die Dame vom See, streift ihre Kapuze ab und gibt sich so als Einzige mit den tröstenden Worten zu erkennen: »Artus wird niemals sterben! Nach Jahrhunderten wird er geheilt erwachen... Er ist der einstige und künftige König!« Dann verschwindet das Boot im Nebel und fährt nach Avalon.

9 Zahnschmerzen und der Brunnen des Heiligen Tugen

Der Legende nach soll es in der Bretagne 7777 Heilige geben. Zählversuche stoppten bei 600. Wie auch immer, sie waren keltische Mönche, die die Fahrt von Wales in die Bretagne wagten. Sie waren qualifizierte Heilige und sie hatten sich spezialisiert. Miliau ist für Kopfschmerzen zuständig, seit man ihn enthauptet hat, andere heilige Kollegen kümmern sich ums Gedärm oder um das elende Rheuma. Mit dem Heiligen Tugen wiederum ist es wieder anders.

Wenn Sie vor dem Brunnen des Heiligen Tugen in Primelin stehen, dann beugen Sie sich bitte mal über die Wasseroberfläche und beobachten Sie Ihren Kopf. Bleibt das Spiegelbild deutlich erkennbar und klar? Prima. Sie können beruhigt sein. Sie leiden nicht an Tollwut. Schlechte Karten haben Sie allerdings, wenn sich die Wasseroberfläche kräuselt und Ihr Spiegelbild nur noch schlecht zu erkennen ist. Dann leiden Sie wohl an Tollwut und müssen sich vor dem Heiligen Tugen rechtfertigen. Und bevor ich es vergesse: Das Ritual ist nur korrekt durchgeführt, wenn sie zuvor dreimal auf Knien um den Brunnen herum rutschen.

Aber jetzt der Reihe nach: Über den Heiligen Tugen ist nicht viel Positives überliefert. Er soll selbst für die damalige Zeit – wir sprechen vom ausgehenden fünften Jahrhundert nach Christus – extrem frauenfeindlich gewesen sein. Seine Schwester hatte nicht viel zu lachen, denn Tugen hatte ihre Ehre Gott geweiht. Verließ er den Ort, musste seine Schwester ihn begleiten. Wollte er schlafen gehen, versicherte er sich erst, dass auch wirklich kein Mann in der Nähe war. Um ganz sicher zu gehen, schlug er mit einem Stock auf die Büsche seiner Umgebung ein, stocherte mit seinem Stock zwischen Steinen und in Erdlöchern und spinkste hinter jedem kleinen Erdhügel. Näherte sich doch einmal ein männliches Wesen, hob er kurzerhand seine Schwester auf seine Schultern. Erst wenn er ganz sicher war, dass weit und breit niemand war, durfte seine Schwester sich ein paar Schritte von ihrem Bruder entfernen. Eines Tages kam es, wie es kommen musste – einem Jüngling gelang es dennoch, sich Tugens Schwester zu nähern. Der Überlieferung nach soll er erbost ausgerufen haben: »Lieber halte ich ein ganzes Rudel tollwütiger Hunde als eine einzige Frau!« Das war ein Fehler, denn Gott habe ihn beim Wort genommen, heißt es und ihm daraufhin die Verantwortung über die tollwütigen Hunde erteilt.

Tatsächlich muss die Tollwut in der Bretagne furchtbar gewütet haben. Es gab ja keine wirksamen Medikamente, keinen Impfstoff. Verzweifelte Eltern wussten selbst 1891 keinen anderen Ausweg, als ihre tollwütigen Kinder zwischen zwei Strohballen zu ersticken. Man sperrte Tollwütige in Kastenbetten und erwürgte sie.

In der Bretagne des fünften und sechsten Jahrhunderts, als Sankt Tugen nahe einer heiligen Quelle eine Einsiedelei begründete, gab es zwar keine Werwölfe, aber tollwütige Hunde, die Angst und Schrecken verbreiteten. 1535 entstand auf den Trümmern einer Kapelle aus dem 11. Jahrhundert die heutige St. Tugen-Kapelle. Der Überlieferung nach führte man Hunde, die einen Menschen gebissen hatten, an den Brunnen und beobachtete die Wasseroberfläche. Spiegelte sich der Hundekopf klar und deutlich im Wasser bestand keine Gefahr.

War der Hundekopf jedoch nur verschwommen zu erkennen, war der Hund tollwütig. Die auf solche Weise vom „Kommissar Brunnen“ überführten Hunde wurden im sogenannten „Gefängnis“ im Norden der Kapelle eingeschlossen und verhungerten dort. Der Brunnen soll nicht nur Tollwut bei Mensch und Tier erkennen, er hilft angeblich auch bei Zahnschmerzen.

10 HEILIGE - GANZ UNHEILIG

In der Bretagne wachen Hunderte Heilige über die Gläubigen; die meisten sind von der katholischen Kirche in Rom nicht anerkannt, aber das stört die Bretonen nicht.

Die lokalen Heiligen werden tagtäglich um praktische Hilfe angefleht. Die Heiligen Dogmael und Léon sollen bitte das verflixte Rheuma beseitigen, der Heilige Tugen hilft – ganz ohne Terminvereinbarung, bei Maläsen mit den Zähnen und bei Tollwut. Mériadeg kann mit einer Kirchenglocke Taubheit heilen, Méen läßt mit Quellwasser Hautkrankheiten verschwinden. Auch für die Tiere ist gesorgt: Der Heilige Hervé beschützt die Pferde, während die Kollegen Cornély und Herbot jeweils für Hornvieh im Allgemeinen, beziehungsweise Rinder im Besonderen zuständig sind.

Die aus Wales und dem englischen Cornwall stammenden Bretonen führten in ihrer neuen Heimat eine Art keltisches Christentum ein. So wundert es auch nicht, dass die Bretonen ihre Region reichlich mit religiösen Bauwerken schmücken.

Kein Stück Heideland, keine Klippe, keine Bucht ohne Steinkreuz oder Heiligenstatue, ohne heilige Brunnen oder Kapelle. Das Ganze wird noch durch die Kathedralen, Kirchen und umfriedeten Pfarrbezirke getoppt. Kalvarienberge sind das Wahrzeichen der Bretagne, wo sie während der „bretonischen Renaissance“ (zwischen 1450 und dem 17. Jahrhundert) besonders im Finistère in eigens geschaffenen umfriedeten Pfarrbezirken entstanden.

11 INSELKELTISCH AUF DEM FESTLAND

Die bretonische Sprache ist die letzte keltische Sprache im Festlandseuropa. Sie ist eng verwandt mit dem Walisischen und Irischen. Im 7. Jahrhundert nach Christus sprachen die Menschen auf der gesamten Halbinsel Bretonisch. Doch keltische Druiden zeichneten ihre Lehren, Rituale und Lieder leider nicht schriftlich auf. Alles wurde mündlich weiter gegeben. Nichtsdestotrotz verraten uns bretonische Ortsnamen durchaus ihre Geschichte. Auch ohne besondere Vorkenntnisse können Sie mit einigen Stammwörtern, Vor- und Nachsilben bereits Einiges aus dem Bretonischen „übersetzen".

Brezhoneg – die bretonische Sprache

Im Laufe der Jahrhunderte lehrten und bekehrten ganze Heerscharen von Glaubensboten die Bretonen. Häufig dankte man den „Heiligen", in dem man das Dorf nach ihnen benannte. Versuchen Sie doch mal Ortsnamen oder ihren Urlaubsort zu übersetzen. Los geht's!

Ker, quer = Dorf
Bihan = klein
Braz = groß
Manac'h = Mönch
Men = Stein
Kroaz = Kreuz
Minihy = Kloster
Mor = Meer
Dol = Tisch
Lan, lann = Eremitage
Pl, Plé, Ploe, Plou, Poul = Pfarre
Relec = Reliquien
Loc, log, lok = heilige Stelle

Coat, Goat, Hoat = Wald
Roc'h = Fels
Tre, Trève, Tref = Ort eines Kirchspiels
Ty = Haus, Wohnung

Locronan bedeutet der geweihte Ort, an dem der Heilige Ronan wirkte. *Lacmariaquer* heißt das Dorf, in dem ein Heiligtum der Maria verehrt wurde und *Plougonven* war die Pfarre von Gonven. Quimper, am Zusammenfluss von Odet und Steir erklärt sich sofort, weil „kemper" Zusammenfluss bedeutet. *Morbihan* ist „das kleine Meer". Bretonische Begriffe wie „Dolmen" (Steintisch), „Cromlech" (Steinkreis) und „Menhir" (Langstein) sind inzwischen zu international verwendeten, anerkannten Fachbegriffen geworden. Und hier noch drei wichtige bretonische Worte für den Alltag:

Demat = Guten Tag!
Kenavo = Auf Wiedersehen!
Trugarez = Danke!

Das Bretonische (bretonisch Brezhoneg) ist eine keltische Sprache, die wie das Walisische und das Kornische zur Untergruppe der britannischen Sprachen zählt. Das Bretonische wurde von den flüchtenden Ur-Briten, vornehmlich aus Wales und Cornwall, im 5. Jahrhundert nach Christus in ihre neue Heimat, ins Gebiet der heutigen Bretagne gebracht.

Über Jahrhunderte war die Bretagne ein selbständiges Königreich, bevor es durch eine erzwungene Heirat an Frankreich fiel. Obwohl der zentralistische französische Staat seit der Französischen Revolution alle Regionalsprachen konsequent bekämpfte, blieb Bretonisch bis nach dem Zweiten Weltkrieg die Umgangssprache im Westen der Bretagne.

Im ersten Weltkrieg starben viele Bretonen; unter anderem auch deshalb, weil sie die Befehle in der Fremdsprache Französisch nicht richtig verstanden oder falsch übersetzten. Auf vierzehn Einwohner kam in der Bretagne ein Gefallener; im übrigen Frankreich kam ein Gefallener auf achtundzwanzig Einwohner. Zu dieser Zeit war die Mehrzahl der Bretonen einsprachig; 90 Prozent von ihnen sprachen nur Bretonisch. Das ist schon recht erstaunlich. Um 1950 herum sprachen noch über eine Million Menschen in der Bretagne bretonisch; erst in den vergangenen Jahrzehnten sank die Zahl der Bretonisch sprechenden Bevölkerung auf kümmerliche 250.000, von denen etwa zwei Drittel älter als 60 Jahre sind. Auch nach dem Zweiten Weltkrieg war Bretonisch noch so sehr im Alltag verankert, dass etliche Bretonen nicht fließend Französisch sprachen.

Bis heute ist bretonisch nicht offiziell von Frankreich anerkannt und bis ins 20. Jahrhundert hinein versuchte man alles, um diese alte Keltensprache rigoros zu unterdrücken. Um den Kindern das Bretonische auszutreiben, wird es ihnen verboten. Auf den Schultischen liegen Zettel:

An alle Schüler dieser Schule:
Es ist verboten

1. Bretonisch zu sprechen und auf den Boden zu spucken.

2. Mit dem Finger in der Nase zu bohren.

Das Verbot Bretonisch zu sprechen, trifft die Kinder hart. Die meisten kommen aus einem rein bretonisch-sprachigen Elternhaus und hören Französisch zum ersten

Mal in der Schule. Manche sagen, die französische Sprache passe auch nicht zur bretonischen Landschaft, denn nur im Bretonischen gibt es unzählige Wörter für „Grau“, „Sand“ und „Wolken“.

Prosper Mérimée, der „Carmen“ verfasste, bereist 1835 die Bretagne. Er schreibt einem Freund: „Diese Sprache hat der Teufel erfunden. Essen Sie eine rohe Olive, und beim Ausspucken werden Sie ein Geräusch machen, das ungefähr dem „c'h“ entspricht.“

Das schreibt ausgerechnet jemand, dessen gallische Vorfahren ihre Sprache zugunsten des Lateins aufgegeben haben, denn die Gallier haben, anders als die Bretonen, die Sprache ihrer Besatzer und Eroberer angenommen. Noch immer ist es schwierig, Bretonen beim Gespräch in Bretonisch zu belauschen. Sie wechseln sofort ins Französische, sobald jemand naht, der kein Bretone ist. Die jahrhundertealte Diffamierung des Bretonischen hat seine Spuren hinterlassen. Bretonisch gilt mit der Zeit vielen als eine Sprache der Alten, der Provinzler. Mögen doch bretonische Bauern so mit ihren Schweinen sprechen.

Französisch dagegen scheint ach so modern und schick zu sein.

Und heutzutage? Wenn ein Brief in bretonischer Sprache adressiert ist, wird er vom Postamt in Frankreich nicht akzeptiert. Da helfen auch all die zweisprachigen Ortsschilder nichts. Immerhin – bretonische Aktivisten geben ihren Kindern mit Vorliebe urbretonische Namen, am besten noch welche, in denen der c'h-Laut vorkommt.

Warum Le Goarnic zum Synonym für Eigensinn wurde

Zwischen den 1950ern und den frühen 1960ern erfreut sich das bretonische Ehepaar Mireille und Jean-Jacques Manrot-le-Goarnic einer reichen Kinderschar – ein ganzes Dutzend. Selbstverständlich erhalten die Kinder bretonische Vornamen. Die ersten sechs Kinder heißen Garlonn, Patrig, Katell, Gwenn, Yann und Morgann. Die nächsten sechs erhalten die Namen Adraboran, Maiwenn, Gwendal, Diwezha, Sklerijenn und Brann.

Im Verzeichnis der französischen Standesämter werden jedoch keine Vornamen wie Maiwen, Katell, Gwenn und dergleichen geführt. Nachdem man von Amts wegen grummelnd die ersten sechs Namen standesamtlich erfasste, beginnt der französische Amtsschimmel bei den nachfolgenden weiteren sechs Vornamen nicht nur zu wiehern, sondern sich aufzubäumen. Die Eintragung in das standesamtliche Register wird verweigert. Sechs der Le Goarnic-Kinder gibt es „amtlich" nicht. Doch der Bauingenieur gibt nicht auf. Es folgt ein über die Jahre zäh geführter Kampf um Kindergeld und Steuerersparnis, die ihm, da es sechs Kinder offiziell nicht gibt, vorenthalten werden. Über 100 Prozesse führt der Bretone. 1964 dann der Erfolg: In Frankreich wird ein Gesetz erlassen, dass es Eltern erlaubt, die Namen ihrer Kinder uneingeschränkt auszuwählen. Doch das Gesetz gilt nicht rückwirkend. Und so gibt es die sechs Goarnic-Kinder offiziell auch weiterhin nicht.

Merke: Die Bretonen sind ein Volksstamm und nicht irgendwelche Bewohner einer französischen Provinz. Der Schein der braven Spitzenhauben und freundlich lächelnden Fischer trügt. Die Geschichte hat die Bretonen gelehrt, sich zur Wehr zu setzen.

Die bretonische Sprache wird inzwischen von einer starken nationalen Bewegung gefördert. Es gibt eine Reihe bretonisch-sprachiger Diwan-Schulen (bretonisch *Diwan* = Keim). Der Verein Diwan wurde 1977 gegründet, um endlich bretonisch-sprachige Schulen zu schaffen. Bis heute wurden diese Schulen, über 40 inzwischen, nicht ins staatliche französische Schulsystem eingebunden. Der Artikel 2 der französischen Verfassung lautet: „Die Sprache der Republik ist das Französische." 1999 wurde das *Ofis publik ar Brezhoneg* (das Amt der bretonischen Sprache) ins Leben gerufen, das sich für den Erhalt der bretonischen Kultur und Sprache einsetzt und auch eine bretonische Straßenkarte und Bücher herausgibt. 1985 wurden in zahlreichen Gegenden der Bretagne zweisprachige Straßenschilder eingeführt und es gibt bretonisch-sprachige Radio- und TV-Sendungen und Zeitschriften. Dennoch: Die UNESCO stuft die bretonische Sprache als „ernsthaft gefährdete Sprache" ein. Nur in ganz wenigen Familien wachsen die Kinder noch mit bretonischer Muttersprache auf und so lässt sich kaum ein Netzwerk von Muttersprachlern bilden, das das Aussterben des Bretonischen als Umgangssprache verhindern könnte.

Immerhin, die bretonische Flagge, *Gwenn ha Du*, weht inzwischen an öffentlichen Gebäuden. Nicht mehr nur kulturelle Vereine oder Autonomisten fühlen sich zu dieser Flagge gehörig, längst trifft das auch für die meisten Bretonen zu. Inzwischen wird sie sogar amtlich genutzt.

1925 wurde sie entworfen. Die fünf schwarzen Streifen symbolisieren die ehemaligen Bistümer der Bretagne: Rennes, Nantes, Dol, Saint-Malo, St-Brieuc; die vier weißen Streifen stehen für die Niederbretagne (Léon, Cornouaille, Vannes, Tréguier) und das Wappenfeld zieren die 11 Hermelinschwänze, die an das Wappen des Herzogtums der Bretagne erinnern.

Ein weiteres häufig anzutreffendes Symbol, dessen Ursprung vermutlich auch bei den Kelten liegt, ist das Triskell. Über die ursprüngliche Bedeutung der Triskel-Spiralen ist wenig bekannt. Häufig wird, wie bei den meisten Spiralformen, vermutet, dass sie für den Weg des Lebens oder symbolisch für die Sonne stehen. Bei der heutigen Deutung spielt die „magische Zahl" Drei, die insbesondere in der keltischen Mythologie Bedeutung hat, eine große Rolle. So können verschiedene Zusammenhänge und Abfolgen angenommen werden:

Vergangenheit, Gegenwart und Zukunft
Geburt, Leben und Tod
Körper, Geist und Seele

Sowohl das Triskell, als auch das „Gwenn ha Du" sieht man häufig als Autoaufkleber. Längst interessiert das keltische Erbe der Bretagne. Die Bretagne ist eben anders, anders als Frankreich und das macht inzwischen seinen großen Reiz aus, und ja, auch ich habe mir einen „Breizh"-Aufkleber besorgt. Breizh = Bretagne.

13 UMFRIEDETE PFARRBEZIRKE - EIN BRETONISCHES PHÄNOMEN

Wunderschöne Bildhauerarbeiten – nicht im schützenden Inneren einer Kirche, sondern unter freiem Himmel, wo sie den Atlantikstürmen trotzen müssen. Stolz und schön recken sie sich in den Himmel.

Ein umfriedeter Pfarrbezirk (bretonisch liorzh-iliz, französisch enclos paroissial) besteht aus ganz bestimmten Elementen: dem Friedhof und dessen teilweise recht hoher steinerner Einfassung, einem Triumphtor, das in den Bezirk hineinführt, einem Beinhaus (bretonisch karnel, frz. ossuaire), dem Kalvarienberg (bretonisch kalvar, französisch calvaire) und der Kirche mit einer vorgelagerten

Eingangshalle.

Die ältesten umfriedeten Pfarrbezirke stammen aus dem 14. Jahrhundert. Es gab durchaus Wohlstand in der Bretagne, aber kaum Städte oder Großgrundbesitzer, die sich der Kunstförderung verschrieben hätten. Die finanziellen Mittel flossen daher fast ausschließlich in den

Kirchenbau der Gemeinden. Gegenseitig versuchte man sich zu übertreffen und es entstanden ganz eigenständige Elemente, wie die triumphale Todespforte, das Beinhaus und eben die Kalvarienberge. Die in Stein gemeißelten Szenen verbinden die Welt der Lebenden mit dem himmlischen Königreich. Diese vom 15. bis 17. Jahrhundert errichteten prächtigen Bauwerke sind Ausdruck der regionalen religiösen Inbrunst, aber eben auch des Wohlstands der damaligen Zeit.

Durch das Triumphtor betritt man das Pfarrgelände. Die Beinhäuser entstanden übrigens durch den Umstand, dass die Friedhöfe räumlich sehr begrenzt waren. Wurden sie zu klein, grub man die Gebeine der schon lange Verstorbenen aus und bewahrte sie in einem Beinhaus auf. Im Mittelpunkt des Pfarrgeländes steht der Kalvarienberg. Ein Kalvarienberg bezeichnet zunächst einfach nur die Hinrichtungsstätte Jesu vor den Toren Jerusalems, im weiteren Sinne auch umfangreiche Nachbildungen der Kreuzigungsszene, die im Zuge der Gegenreformation entstanden und von Katholiken als sakrale Stätten genutzt werden.

Kalvarienberge erzählen in beeindruckender Weise aus dem Leben und der Passion Christi, ergänzt durch vielfältigste Szenen und Geschichten, die häufig eigentümlich in bretonische Wertvorstellungen integriert wurden: Man sieht Christus beim Einzug in Jerusalem auf einem Esel – bis dahin ist alles vertraut. Schaut man jedoch näher hin, wird er von bretonischen Musikanten in regionaler Tracht, mit Trommeln und Dudelsack begleitet. Zumindest trug dies zur Volksverbundenheit bei, denn die bretonischen Kalvarienberge dienten auch der Unterrichtung der einfachen Bevölkerung. Ihre Szenen, ihr erzählerischer Aufbau sollte die Predigten unterstützen.

Einer der prächtigsten Kalvarienberge, Saint-Thégonnec, ist in Pleyben zu finden, mit einem der größten und schönsten Pfarrei-Einfriedungen der Bretagne. Mehr als ein Jahrhundert brauchte es für seine Fertigstellung. Saint-Thégonnec häuft ein solches Übermaß an Ornamenten an, das es schon an Prahlerei grenzt: Kalvarienberg mit drei Kreuzen, Glockentürmchen auf der Kirche, geschnitzte Kanzel.... Der ganze durch den Tuchhandel hervorgebrachte Reichtum wird hier fast schon unverschämt zur Schau gestellt, von den Eingangsstufen bis zum Glockenturm.

14 NOTRE DAME DE TRONOËN

Einsam, inmitten in einer Dünenlandschaft am Südrand der Baie d'Audierne, an der Stelle, an der in der Antike ein Venustempel gestanden haben soll, erhebt sich die immer noch ansehnliche Kirche Notre Dame de Tronoën. Hier kann der älteste bretonische Kalvarienberg bewundert werden. Um 1450 errichtet, staunt man über die freizügige Darstellung der Gottesmutter, die sich mit nackter Brust präsentiert. Etwa 100 Personen wurden mit viel Liebe zum Detail aus dem Granitblock herausgearbeitet. Gekrönt von drei Kreuzen, die den atlantischen Stürmen trotzen. Fünfhundert Jahre haben leider ihre Spuren hinterlassen. Feinere Details wie Gesichter und Hände sind nicht mehr zu erkennen, doch genau darum erscheint dieser Calvaire so eindrucksvoll.

15 DIE ABTEI VON DAOULAS

Der Geist der Vergangenheit ist auch circa 16 Kilometer südöstlich von Brest zu finden, im kleinen Städtchen Plougastel-Daoulas, dort, wo sich die Flüsse Mignonne und Lézuzan treffen.

Die Abtei Daoulas (bretonisch Daoulaz) soll auf eine Klostergründung im Jahre 510 nach Christus zurückzuführen sein. Die ersten Dokumente belegen, dass die Abtei 1167 von Augustinern gegründet wurde. Während der Französischen Revolution wurden die Gebäude verkauft. Die Bretonen glauben, dass ein Fluch auf Daoulas laste und den Niedergang des Städtchen befördere. Eine bettelarme Frau gebar sieben Kinder und wurde von den Einwohnern von Daoulas verjagt, weil sie fürchteten, die Kinder ernähren zu müssen. Da sprach die Frau den Fluch aus: »Je größer Brest wird, desto schlechter soll es Daoulas gehen.«

16 Ein nettes Plätzchen für Eremiten

Glaubt man der Überlieferung, so soll der Heilige Guénolé Ende des 5. Jahrhunderts dieses herrliche Fleckchen Erde für ein Kloster ausgesucht haben. Er ist Gründer und erster Abt der Abtei Landévennec (Lann von Venec) und überzeugt den zwischen Heiden- und Christentum schwankenden König Gradlon durch etliche Wundertaten, sich doch endlich zum Christentum zu bekennen.

So geschieht es und König Gradlon zeigt sich gegenüber Guénolé erkenntlich. Der Bau der Abtei wird maßgeblich von Gradlon mitfinanziert. Guénolé lässt sich schließlich mit einigen Eremiten in Landévennec nieder. Das Leben könnte so herrlich sein, wenn nicht Wikinger 913 auf einem ihrer Raubzüge die Abtei von Landévennec entdeckt hätten. Sie plündern und brandschatzen alles. Doch die Mönche, die zunächst geflohen waren, kehren zurück – stoisch bauen sie ihre Abtei wieder auf. Während der Französischen Revolution werden die Klostergebäude erneut zerstört; sie werden als Nationaleigentum verkauft und ihre Steine werden zu Baumaterial.

17 YS, DAS BRETONISCHE ATLANTIS

Die Geschichte der Stadt Ys, die bei Douarnenez versunken sein soll, ähnelt jener Sage über die Stadt Vineta. In beiden Fällen soll der moralische Verfall ihrer Einwohner zum Untergang geführt haben. Und in beiden Fällen weiß man bis heute nicht, ob es Ys (oder Vineta) je gegeben hat.

Der Sage nach soll die Stadt Ys in der Bucht von Douarnenez liegen – bisherige Forschungen und Tauchgänge verliefen jedoch ergebnislos. Ys soll eine verschwenderisch reiche Stadt gewesen sein; die Pferde lebten dort in Ställen aus Marmor und das Volk wurde schließlich übermütig. Die Schlimmste von allen aber ist Dahud, die liebestolle Tochter des Königs Gradlon von Quimper. Sie stürzt Ys schließlich ins Verderben. Doch der Reihe nach.

Jede Nacht ist bei Dahud Party angesagt und jeden Abend nimmt sie sich einen neuen Geliebten, dessen Leiche sie am nächsten Tag in die Hölle von Plogoff stößt. Eines Tages kommt ein wunderschöner Prinz nach Ys, der, so munkelt man, Dahud mit neuen Liebespraktiken vertraut und hörig macht. Als Beweis ihrer Liebe verlangt er von ihr schließlich die Schlüssel für die eisernen Tore der Schleusen. Dahud wartet bis ihr Vater schläft und entwendet die Schlüssel. Das liebestolle Töchterlein soll überhaupt mit allerlei Gaben beschenkt gewesen sein, unter anderem beherrscht sie auch die Kunst der Zauberei und sie gebietet über die Zwerge und die Meeresdrachen, die Ys bewachen.

Ihr wunderschöner Liebhaber erhält die Schlüssel für die eisernen Schleusen der Stadt. Er öffnet sie und lässt Ys mitsamt ihren sündigen Bewohnern in den Fluten des kalten Meeres versinken. Niemand anderes als der Teufel selbst soll sich hinter dem Liebhaber verborgen haben.

Der Heilige Corentin warnt König Gradlon, der sich ein Pferd schnappt und den Fluten zu entkommen sucht. Doch Dahud springt ebenfalls auf Gradlons Pferd. Zu zweit kommen sie nicht mehr so schnell voran, das Wasser steigt immer höher. Corentin bittet den König, wenigstens sich zu retten und seine sündige Tochter zurück zu lassen.

Wie es dazu kommt, dass Dahud in den Fluten zurück gelassen wird, bleibt ungeklärt. Gradlon wird jedenfalls gerettet und baut Quimper zu seiner Residenz aus. Der Heilige Corentin wird zum Bischof ernannt. Die unzüchtige Dahud wird verflucht und in die Nixe Marie-Morgane verwandelt. Sie findet nie wieder ihre Ruhe, treibt auf dem Meer ihr Unwesen, lässt in hellen Mondnächten ihr Haar im Wasser glänzen und versucht mit ihren Gesängen die Fischer in den Abgrund zu ziehen.

Wer nach Quimper kommt, sieht König Gradlon hoch zu Ross auf dem Portal der Kathedrale St. Corentin thronen.

18 L'ANKOÙ - DER TOD

Die Bretonen leben mit ihren Toten. Die Friedhöfe liegen daher auch mitten in den Dörfern, nicht am Rande. Für die Bretonen ist der Tod nicht das Ende des Lebens, sondern zunächst einmal das Zusammentreffen mit Ankoù, der Personifikation des Todes. Ankoù wird stets als Skelett mit einer Sichel dargestellt. Er erscheint in den Erzählungen oft in ein Leichentuch gehüllt, während er auf einem Karren (Karrig an Ankoù) durch die Lande fährt. Den Ankoù sieht man sehr

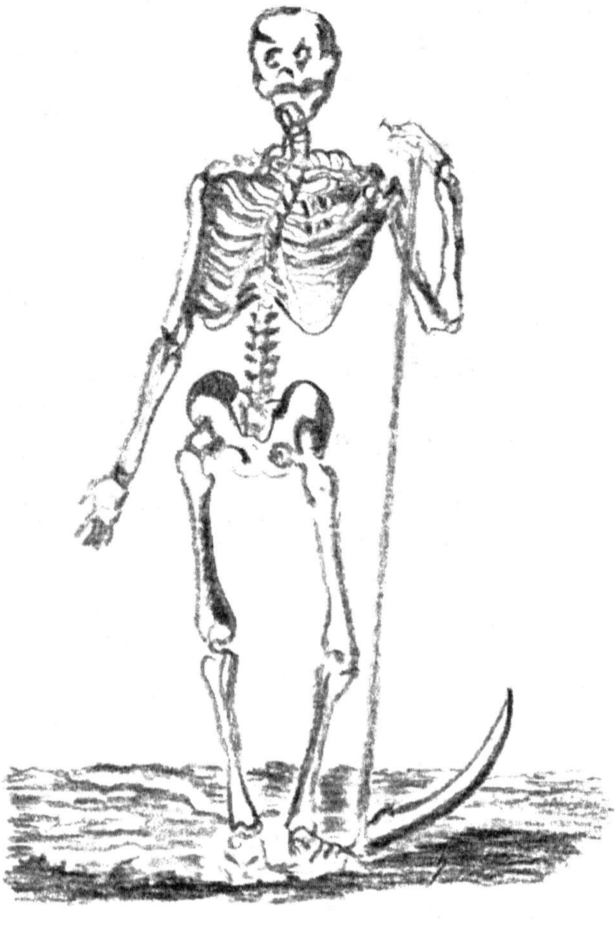

häufig in den Beinhäusern.

Wenn man den Bretonen glauben darf, dann ist der bretonische Sensenmann sehr beschäftigt, denn er wacht als Geist auch über die Friedhofsgräber, schützt sie vor unerwünschten Eindringlingen und erscheint stellvertretend für die Toten. An Allerheiligen soll er sich ebenfalls blicken lassen. Außerdem empfängt Ankoù die Toten im Augenblick ihres Hinscheidens und begleitet sie in die Unterwelt, deren kalter Eingang im Nebel verborgen liegt. Wer es genauer wissen will: Der Eingang zur Unterwelt liegt im Sumpfgebiet Yeun Ellez, in den Bergen der Monts d'Arée.

Dem Volksmund nach sucht Ankoù die Nähe der Menschen. Er zeigt sich den Todgeweihten, den Alten und Kranken in einer Vielzahl von Gestalten, in Träumen und Visionen. Erblickt man ihn, ist der eigene Tod unausweichlich. Manche nennen ihn auch „Friedhofswächter", andere wiederum Père Ankoù, also in etwa „Gevatter Tod". Der erste Tote, den man zu Beginn eines Jahres beerdigt, wird zum

Ankoù, heißt es. Andere sagen, wer lebendig als Erster auf einem neuen Friedhof begraben wird, wird zum Ankoù.

Aus Quimper ist folgende Sage überliefert: Ein reicher Gutsbesitzer lädt alle Dorfbewohner zu einem großen Schlachtfest ein. Die Einladung spricht er nach dem Kirchgang auf dem Friedhof aus. Eine Stimme fragt ihn, ob auch er geladen sei. Suchend schaut man sich um. Es ist niemand zu sehen, der diese Frage stellt. Erneut fragt der Unsichtbare, ob auch er geladen sei. Die Antwort bleibt aus. Das Schlachtfest und die Feier sind in vollem Gang, als ein Gast in zerlumpter Kleidung erscheint, er verströmt einen unangenehmen Fäulnisgeruch. Der Gast riecht nicht nur streng; er spricht auch mit niemandem. Das Fest neigt sich dem Ende zu und der

seltsame Gast hebt sein Gesicht; es ist ein Totenschädel. Dann lässt er sein Lumpengewand zu Boden fallen – sein Skelett zeigt sich den Feiernden. Man kann sich vorstellen, dass die gute Stimmung schlagartig zu Ende ist. Er sei Ankoù, erklärt er den verblüfften Gästen. Leider habe der Gastgeber nur noch acht Tage zu leben. Zeit genug, seine Angelegenheiten zu ordnen und eines ruhigen Todes zu sterben. Der Gutsbesitzer beichtet noch schnell – acht Tage später ist er tot.

Überhaupt pflegen die Bretonen einen recht lässigen Umgang mit dem Tod. Ihre Riten und täglichen Erinnerungen spiegeln allesamt eine gewisse Vertrautheit mit dem Tod. In der Weihnachtsnacht sollen ertrunkene Seeleute in der „Bucht der Verschiedenen“ (Baie de Tréspassés) singen. Zu Allerheiligen werden für die verlorenen Seelen leckere Crêpes gebacken, doch hört man den quietschenden Karren von Ankoù bleibt man besser im Haus. Diese Nonchalance im Umgang mit dem Tod kann man auf das keltische Erbe zurückführen: Die Kelten kannten keine Angst vor dem Tod – Ankoù ist einfach nur derjenige, der Kranke und Schwache erlöst und sie von der Last des Lebens befreit, wenn sie diese nicht mehr tragen können.

19 VERGANGENE ZEITEN

Geheimnisvolle, faszinierende Bretagne – karge Vegetation, steile Felsklippen und fjordartige Buchten. Erinnert Sie diese Landschaft eher an Wales oder Schottland? Und nicht nur die Landschaft? Richtig, die Bretagne ist durch und durch keltisch. »Wir sind Kelten!«, sagen die Bretonen von sich und man findet überall Spuren keltischer Kultur – in der Fabulierlust, in den

Sagen und Legenden, in der Musik, in den Bauwerken und vor allem in ihrer Sprache, Brezhoneg (Bretonisch).

Paris ist nicht nur geografisch weit weg. Das Bewusstsein dafür, dass man zuallererst „Kelte“ und dann „Bretone“ ist, hat immer wieder zu Aufständen gegen fremde Besatzer geführt. Nicht nur Asterix kämpft heldenhaft gegen die römische Übermacht. Als der Frankenkönig Karl der Große 799 die Bretagne unterwirft, wird der bretonische Graf Nominoë, bretonisch Nevenoe, auf dem Reichstag von Ingelheim zum Herzog der Bretagne ernannt. Doch anstatt brav die Tributzahlungen an das Fränkische Reich zu entrichten, lehnt sich Nominoë gegen die Besatzer auf und fügt den fränkischen Truppen 845 in der Schlacht von Ballon eine krachende Niederlage zu. Die Krönung soll 848 in Dol stattgefunden haben. Drei Jahre später stirbt er – ob durch einen Schlaganfall oder durch Gift bleibt im Dunkeln. Sein Sohn Erispoë, der Karl dem Kahlen in der Schlacht von Jangland Beslé ebenfalls eine Niederlage bereitet, wird bretonischer König.

So wie sich schon die einwandernden keltischen Stämme untereinander nicht sonderlich wohlgesonnen waren, so zerfällt auch das Reich nach Erispoë in mehrere untereinander verfeindete Grafschaften. Ähnlich wie ihre keltischen Verwandten in Wales, Schottland und Irland tun sich die

Bretonen hauptsächlich dann zusammen, wenn es darum geht, Besatzern das Leben schwer zu machen.

Karl der Kahle verlobt 856 seinen erst neun Jahre alten Sohn Ludwig („der Stammler“) mit der Tochter Erispoës. Der Heiratsplan schlägt jedoch fehl, und aufständische Adlige vertreiben Ludwig, der vermutlich recht frustriert an den Hof seines Vaters zurückkehrt. Im November 857 wird Erispoë auf dem Altar einer Kirche ermordet. Er wird wie sein Vater in der Abtei Redon beigesetzt.

Die Bretagne zerfällt in kleine und kleinste Herzogtümer, die ständig um das Land streiten. Dennoch gelingt es, die Bretagne bis ins 15. Jahrhundert relativ selbständig zu halten, danach können sie jedoch nicht mehr standhalten. Frankreich und England werden um Hilfe gebeten. Der zwanzig Jahre dauernde bretonische Erbfolgekrieg tobt. Englands Favorit, Jean de Montfort, gelingt es, sich als Herzog der Bretagne durchzusetzen. Es folgen zur Abwechslung mal Jahre der Blüte und des Wachstums, bis Herzog Franz II. Ende des 15. Jahrhunderts in die Schlacht gegen die Franzosen zieht – und kläglich verliert.

20 Berühmt und tragisch – Anne de Bretagne

Fast wäre sie deutsche Kaiserin geworden, die zarte Duchesse Anne, die älteste Tochter von Herzog Franz II. der Bretagne (1435–1488) und seiner zweiten Gemahlin Margarete von Foix, Prinzessin von Navarra (1449–1486). Anne, eine gebildete Bretonin, unterrichtet in Latein, Griechisch, Französisch, Bretonisch und Hebräisch.

Als selbstständiges Herzogtum braucht die Bretagne dringend Verbündete gegen Frankreich. So verhandelt man unter anderem mit England über eine Heirat zwischen Anne und dem ältesten Sohn des englischen Königs Eduard IV. und Eduard V., dem Prinzen von Wales. Doch daraus wird nichts. In der Schlacht bei St. Aubin, 1488, erleidet Annes Vater, Franz II., eine Niederlage und die Bretagne verliert ihre Unabhängigkeit. Franz II. muss sich von „allen Feinden des französischen Königs" lossagen und versprechen, seine Töchter nicht ohne Einwilligung des französischen Königs zu vermählen. Kurz darauf, am 9. September 1488, stirbt er. Mit zwölf Jahren wird Anne Herzogin der Bretagne.

Die europäischen Adelshäuser reißen sich um die junge Schönheit; sechs Freier sollen zu gleicher Zeit um sie gebuhlt haben. Kurzerhand wird sie mit dem damaligen Erzherzog von Österreich und späteren Kaiser Maximilian I. von Habsburg verheiratet – das geschieht jedoch *per procurationem,* ohne persönliche Anwesenheit – der Papst annulliert diese Ehe. Der französische König ist froh, dass die dynastische Verbindung zu den mächtigen Habsburgern gekappt ist.

König Karl VIII. marschiert in die Bretagne ein. Mit 40.000 Soldaten belagert er die Stadt Rennes „zur Brautwerbung".

Anne ist gezwungen, den französischen König zu heiraten. Das unabhängige Herzogtum Bretagne wird nun zum Hochzeitsgeschenk für Frankreich. Dabei handelt Anne allerdings geschickt so viele Privilegien aus, wie sie keiner anderen französischen Provinz zugestanden werden. Nun ist sie von 1491 bis 1498 Königin von Frankreich. Bereits in jungen Jahren bringt sie Kinder zur Welt, auch um die Thronfolge zu gewährleisten. Von den insgesamt elf Kindern, werden nur drei älter als drei Jahre. Vier sterben bereits im Säuglingsalter. Als Karl VIII. mit 28 Jahren durch Selbstmord stirbt, wird sie an Ludwig XII. weitergereicht. 1499 muss sie ihn heiraten. Zur Bedingung macht sie ein souveränes Herzogtum Bretagne. Schließlich wird ihre Vereinbarung mit Frankreich, die der Bretagne eine gewisse Autonomie bewahren sollte, hintergangen und ihr Opfer, sich mit den französischen Herrschern zu vermählen, ist vergebens.

1505 reist sie in die Bretagne, um zu den Heiligen zu beten – diese Pilgerfahrt aus Heimweh wird zu einem Triumphzug. Anne de Bretagne stirbt im Januar 1514 im Alter von 37 Jahren und wird aufgrund ihrer Versuche, die Bretagne als freies Herzogtum zu bewahren, zur bretonischen Legende.

Im Grunde genommen ist Anne de Bretagne eine erstaunliche Karriere gelungen. Durch ihre Ehen ist sie Erzherzogin von Österreich (1490–1491), Königin von Frankreich (1491–1498), Königin von Sizilien, Kalabrien, Apulien und Neapel und Jerusalem und erneut Königin von Frankreich (1499–1514) und Herzogin von Mailand.

Nach ihrem Tode 1514 bleibt die Bretagne bis 1532 Herzogtum und wird in diesem Jahr als autonome Provinz mit Frankreich vereinigt – für viele Bretonen auch heute noch der schwärzeste Tag in der Geschichte der Bretagne. Noch 400 Jahre später fühlen sich bretonische Nationalisten durch den französischen Staat „besetzt“, was sich unter anderem auch in der Sprengung des Vereinigungsdenkmals in Rennes (bretonisch Roazhon) im Jahr 1932 zeigte.

Ausgerechnet Annes Tochter Claude besiegelt das Ende der bretonischen Unabhängigkeit; sie heiratet den König von Frankreich; damit avanciert ein Franzose zum Herzog der Bretagne.

21 BLUMENKOHL UND FREIBEUTER

Es ist nicht alles schlecht. Die Vereinigung mit Frankreich beschert der Bretagne im 16. und 17. Jahrhundert ein goldenes Zeitalter. Die oberste Rechtsprechung und Festlegung der Steuern bleibt in bretonischer Hand, der Tuchhandel floriert und die Küstenstädte profitieren von der Handelsschifffahrt. Das Hinterland bleibt allerdings weiter von Armut und Rückständigkeit geprägt. Dort ist man unzufrieden – 1675 kommt es zur „Stempelpapierrevolte“, einem Aufstand gegen die königliche Besteuerung. In den wohlhabenden Gemeinden der Nordbretagne dagegen wetteifert man mit den in dieser Zeit entstehenden umfriedeten Pfarrbezirken als Prachtanlagen.

Mit dem beginnenden Absolutismus unter Ludwig XIII. nehmen die Spannungen zwischen der Bretagne und Paris permanent zu. Der unter chronischem Geldmangel leidende Sonnenkönig Ludwig XIV. nimmt schließlich 1675 den Bretonen die Steuerhoheit weg – es kommt zum Blumenkohl-Krieg.

Der Krieg mithilfe von Kohlköpfen ist inzwischen eine etablierte Tradition bei den bretonischen Bauern. Zunächst demonstrierten die Bauern für, später gegen die Französische Revolution. Die Zeiten ändern sich, die Mittel nicht: Im Herbst

2004 waren die Straßen im Ortskern von Lanmeur und insbesondere der Parkplatz eines großen Lebensmittelsupermarkts mit Kohlköpfen übersät. Blumenkohl war auch das Mittel der Wahl, als Bretonen gegen die Brüsseler Agrarpolitik demonstrierten. Der ehemalige französische Staatspräsident Mitterand soll es einmal so beschrieben haben: »Die Bretonen sind großartig. Wenn ich am Montag meine Zeitung aufschlage, sehe ich, dass sie Artischocken in den Hof der Unterpräfektur schütten, am Dienstag sind es zur Abwechslung Kartoffeln, am Mittwoch versperren sie Straßen, am Donnerstag gehen Fensterscheiben zu Bruch, am Freitag blockieren sie die Avenue de l'Opéra (Paris) und buhen den Finanzminister aus, am Samstag weiß ich nicht, was sie machen, und am Sonntag wählen sie die Regierung.«

Blumenkohl hin oder her – der Aufstand gegen den Sonnenkönig Ludwig XIV. wird blutig niedergeschlagen. Immerhin – bis zur Französischen Revolution 1789 entwickelt sich die Bretagne zur wichtigsten französischen Seeprovinz. Nicht nur Seehandel und Fischfang tragen dazu bei, sondern auch Schmuggel und berühmt-berüchtigte Korsaren-Kapitäne, die Küstenstädte wie Roscoff und St. Malo reich machen, während das bretonische Hinterland (Argoat) mal wieder nichts vom Kuchen abbekommt.

Alle, die mit uns auf Kaperfahrt fahren ...

Eine der berühmtesten bretonischen Korsaren ist genau genommen eine Korsarin. Es ist die um 1300 geborene „Löwin der Bretagne“, Jeanne de Belleville, die im Laufe ihres Lebens eine erstaunliche Piratenkarriere hinlegt.

In zweiter Ehe ist sie mit dem reichen Adligen Olivier III. de Clisson liiert und residiert auf Schloss Clisson. Während der Bretonischen Erbfolgekriege gerät Olivier in den Verdacht, Vannes nicht ausreichend gegen die englische Armee verteidigt zu haben und zur englischen Seite übergelaufen zu sein. Er wird festgenommen und nach Paris gebracht. Man befindet ihn des Verrats für schuldig und enthauptet ihn im August 1343. Sein Kopf wird nach Nantes geschickt und dort vor der Burg Bouffay auf einem Pfahl ausgestellt. Seine Frau Jeanne ist außer sich – sie schwört dem französischen König Philip VI. Rache, der die Enthauptung angeordnet hatte. Dann verkauft sie die Burg, alle Clisson-Ländereien und zuletzt auch ihren Körper, um drei Kriegsschiffe zu finanzieren sowie die Hilfe etlicher einflussreicher Bretonen zu gewinnen, um ihre Unabhängigkeit zu gewährleisten.

Château de Clisson [1].

Ihre Schiffe sind schwarz gestrichen, mit rot gefärbten Segeln. Die „schwarze Flotte" jagt und zerstört die Schiffe König Philips – der Besatzung erweist man keine Gnade. Zwei oder drei Seeleute lässt Clisson stets am Leben, damit sie die Kunde vom erneuten Schlag der „Löwin der Bretagne" verbreiten können. Jeanne hilft mit, den Englischen Kanal von französischen Kriegsschiffen frei zu halten. Jeannes

Rachefeldzug endet auch nicht mit Philips Tod. Sie zerstört weiterhin französische Schiffe, insbesondere die französischer Adeliger, falls diese so unvorsichtig sind, an Bord zu sein. Dann köpft sie höchstpersönlich den Unglücklichen mit einer Axt und wirft die Leiche über Bord.

1356, nach 13 „Dienstjahren“ als Korsarin, zieht sich Jeanne de Clisson nach England zurück und heiratet Sir Walter Bentley. Ihr Sohn Olivier kehrt in die Bretagne zurück und kämpft in den Bretonischen Erbfolgekriegen. Clisson soll 1359 gestorben sein.

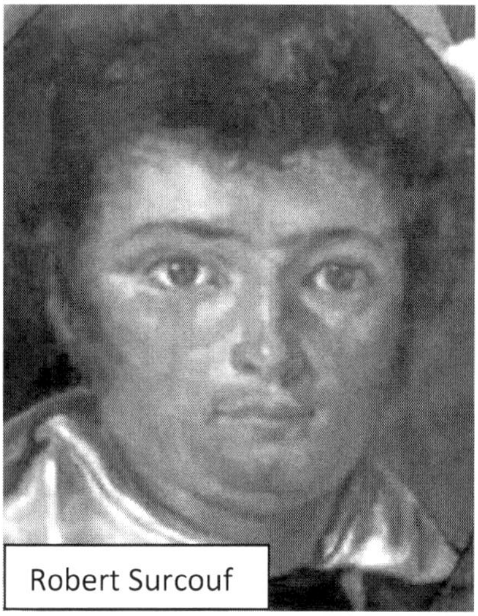
Robert Surcouf

Durch Fischfang und Handel gelangt die bretonische Hafenstadt Saint-Malo zu Wohlstand. 1590 wird gar eine eigene Republik ausgerufen. Diese ist die Grundlage für das Selbstbewusstsein der Bewohner, die sich „Malouinen“ (französisch malouins) nennen. Gefürchtet ist Saint-Malo bei holländischen und englischen Handelsschiffen, denn die Stadt ist die Heimat wilder Korsaren, allen voran Robert Surcouf, der mit seinem schnellen und wendigen Schiff „Renard“ (Fuchs) auf Beutezug geht. Er ist dabei so erfolgreich, dass er sich bereits mit 35 Jahren zur Ruhe setzen kann, weil er finanziell ausgesorgt hat.

Wobei man hier bitte fein säuberlich unterscheiden muss. Ein Korsar ist nicht wirklich ein Pirat. Der Korsar ist kein Verbrecher, der einen Krieg gegen andere führt und sie ausraubt. Nein, der Korsar hat einen Kaperbrief seines

Regenten an Bord und kämpft, häufig auf seinem eigenen Schiff, gegen Gegner, die entweder wirtschaftliche Konkurrenten oder militärische Gegner seines Regenten sind. Er darf andere im Namen der Krone ausrauben, was vielleicht ein Unterschied ist und er darf sich bei erfolgreicher Kaperung nicht einfach nehmen, was er will, denn ein fester Beuteanteil gehört definitiv der Krone. Fast ist man geneigt zu sagen: Korsar zu sein, ist ein ehrbarer Beruf. Doch kommen wir wieder zurück zu Robert Surcouf.

Robert Surcouf aus Saint Malo ist ein Kaperer während der Revolutionskriege, das heißt, er ist ein „offiziell anerkannter Pirat" und von seinem König ordnungsgemäß mit einem Kaperbrief ausgestattet. Dem britischen Handel fügt er bei seinen Kaperfahrten in insgesamt 50 Monaten auf See beträchtliche Verluste zu; 47 feindliche Schiffe werden unter seinem Kommando erobert oder versenkt. Und weil Leistung sich lohnen muss, wird er 1810 von Napoleon zum Baron erhoben. Er ist überaus geschäftstüchtig und betreibt als Unternehmer, wie heutige Franchise-Unternehmen, weitere Kaperschiffe.

In die Wiege gelegt war der Erfolg dem Knaben anfangs nicht. Brav besucht er zunächst eine Jesuitenschule. Allerdings ist Robert erblich vorbelastet; mehrere Korsaren zählen zu seinen Vorfahren. Robert Surcouf handelt zäh immer wieder einen beträchtlichen Anteil an seiner Beute aus – so kommt er schnell zu großem Wohlstand. Er heiratet, wird Mitglied der Ehrenlegion und besitzt als Reeder vierzehn Schiffe. Surcouf zeigt, dass man gleichzeitig ein exzellenter Kaperer und gleichzeitig ein lausiger Reeder sein kann. Er verliert selbst vier seiner Schiffe durch Kaperung und fünf Handelsreisen enden mit großen Verlusten. Daraufhin heuert Surcouf 1807 wieder selbst an und hat Erfolge. 1814 wird er zum Oberst der Nationalgarde in St. Malo ernannt. Surcoufs Leben wird in

Spielfilmen verfilmt (Unter der Flagge des Tigers, Donner über dem Indischen Ozean) und Karl May erkürt ihn in „Halbblut" als „Der Kaperkapitän" zum Helden.

Auch wenn vielleicht die bretonischen Korsaren aus Saint Malo bei weitem nicht so bekannt sind wie ihr britischer Kollege Sir Francis Drake, so sind sie nicht minder erfolgreich. So mancher Reeder aus Saint Malo verdient Unsummen über die offiziellen Kaperbriefe, die vom französischen König höchstpersönlich unterzeichnet wurden.

R. Duguay-Trouin

Einer der erfolgreichsten Korsaren ist René Duguay-Trouin. Er erobert insgesamt 300 Prisen und besiegt zwanzig gegnerische Kriegsschiffe. 1694 wird er verwundet, gefangen genommen und nach Plymouth gebracht. Doch durch die Liebe einer jungen Engländerin gelingt ihm die Flucht.

1703 führt er wagemutig eine Flotte bis in das damals kaum bekannte Spitzbergen, um dort vierzig holländische Schiffe zu kapern. 1707 greift er erfolgreich eine britische Kriegsflotte an. 1711 erobert er sogar Rio de Janeiro und wird dafür geadelt. Er schafft eine Karriere bis zum Generalleutnant und Mitglied des Staatsrats. 1736 stirbt er in Paris.

Ebenfalls zu Ruhm kommen seine bretonischen Kollegen Jean Coatanlem und Charles Cornic. Bretonische Städte wie Saint-Malo, Morlaix und Nantes hatten nicht nur ihre „Korsarenhelden“, sondern sogar ganze Korsarendynastien.

22 ALLONS ENFANTS DE LA PATRIE ...

Am 14. Juli 1789 wird in Paris die Bastille erstürmt, und Freiheit, Gleichheit und Brüderlichkeit sollen von nun an die Basis der französischen Gesellschaft sein. Es wird nicht nur das feudalistische Herrschaftssystem unter reger Nutzung der Guillotine abgeschafft, es werden auch Schlösser und Klöster und damit wertvolle Kulturgüter zerstört.

Voller Erwartungen verfolgen die Bretonen zunächst die Französische Revolution; sie erhoffen sich von den neuen Machtverhältnissen eine Erneuerung der regionalen Autonomie. Doch bald müssen sie erkennen, dass die brüderlichen Gleichmacher in den Tribunalen der Hauptstadt Anderes im Sinn haben. Von 1793 bis um die Jahrhundertwende liefern sich die Bretonen mit den verhassten „blauen Soldaten" einen zermürbenden Guerillakrieg. Wie in ganz Frankreich sind die Veränderungen auch in der Bretagne drastisch. Die Revolutionäre in Paris beargwöhnen den Regionalismus als möglichen Unruheherd. Die bretonische Sprache wird verboten, sogar die Bezeichnung „Bretagne" verschwindet von den Landkarten und wird durch eine Aufteilung in fünf Départements ersetzt und der zentralistischen Verwaltung direkt unterstellt. Die Rekrutierung der Bretonen für den Kriegsdienst lässt die Stimmung nicht gerade steigen. Dazu muss man wissen, dass die Bretonen vor der Revolution niemals zum Wehrdienst außerhalb der Bretagne eingezogen worden waren.

Es formiert sich eine Widerstandsbewegung, die Choans. Sie verständigen sich untereinander mit dem imitierten Ruf des Käuzchens (chouette), daher der Name und Georges Cadoudal, Sohn eines Müllers aus Morbihan, wird ihr Anführer. 1794 wird er gefangen genommen, kann aber entkommen und schwingt sich nach der missglückten Landung auf Quiberon zum Chef des Widerstands in der Niederbretagne empor.

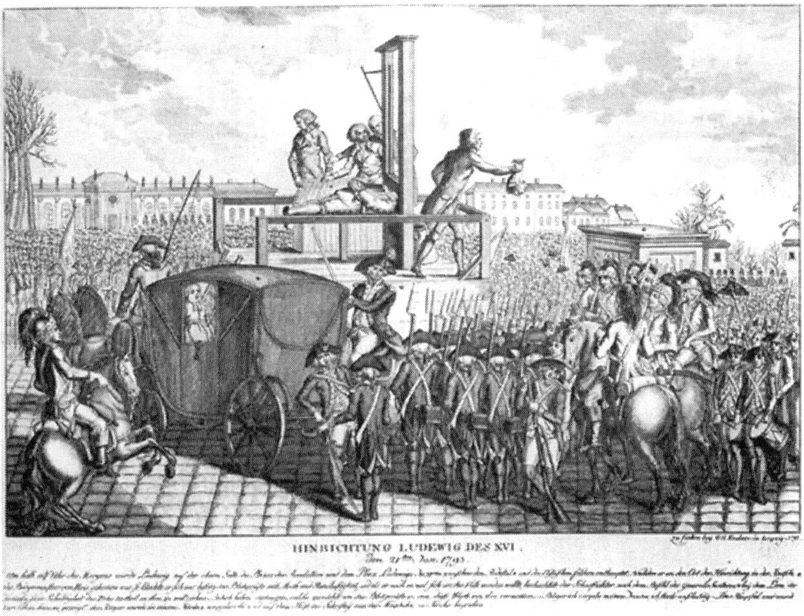

Kämpferisch sagt Cadoudal: »Wenn die Bretagne dem Zentralismus der Monarchie standgehalten hat, so wird sie sich nicht den Machtansprüchen der Republik beugen.« Die Bretonen gehen notgedrungen und sehr ungern ein Bündnis mit königstreuen Adligen ein, die ins Exil nach Belgien, Holland, Deutschland und England gegangen sind.

Am 27. Juni 1795 landen 5000 Adlige am Plage St-Colomban, unterstützt von der englischen Marine. 10.000 Chouans unter der Führung von Georges Cadoudal erwarten sie, um gemeinsam die republikanischen Truppen zu schlagen. Doch unter den königstreuen Adligen kommt es zu Kompetenzgerangel und der geplante Angriff verzögert sich um etliche Tage. Die zahlenmäßig unterlegenen Republikaner nutzen den unerwarteten Zeitgewinn und rekrutieren weitere Kämpfer.

Umkämpftes Quiberon

Unter lautem Hurra-Geschrei versammeln sich die Royalisten im Fort Penthièvre. Ein schwerer Fehler. Die Republikaner sind gewarnt. Als am 16. Juli der Angriff der Königstreuen beginnt, lassen die Republikaner einen Geschosshagel auf die kämpfenden Bretonen und Adligen regnen. Bereits die Hälfte fällt. Die andere Hälfte rettet sich ins Fort, das am 21. Juli von den republikanischen Truppen gestürmt wird. Mit ihren Bajonetten richten sie ein furchtbares Blutbad an.

Nachdem er sich scheinbar 1796 unterworfen hatte, facht Cadoudal 1799 erneut einen Aufstand in der Bretagne an. Erst nach den Niederlagen der Aufständischen bei Grandchamp und Elven (Januar 1800) schließt Cadoudal im Februar 1800 einen Vertrag mit General Brune. Infolge des Vertrages entlässt er seine Truppen. Dieser Vertrag wurde notwendig, nachdem die meisten Häuptlinge der Chouans durch die Truppen Brunes unterworfen wurden. Spätere Versuche Georges Cadoudal in Paris für die Republik zu gewinnen, scheitern. Er reist nach London, wo der Graf von Artois ihm zum Generalleutnant ernennt. In der Folge kommt er immer wieder heimlich nach Frankreich, um für die royalistische Sache zu wirken. Am 21. August 1803 landet er zusammen mit anderen Anhängern an der Küste der Normandie. Ziel dieser Mission: Ein Anschlag auf den ersten Konsul der Republik, Napoleon Bonaparte. In Verkleidung gelangen sie bis nach Paris. Doch die Verschwörung wird entdeckt und Georges im März 1804 verhaftet. Ihm und seinen Mitverschworenen wird der Prozess gemacht. Sie werden für schuldig befunden, einen Mordanschlag auf den Ersten Konsul der Republik geplant zu haben. Tage später wird er zum Tode verurteilt. Das Urteil wird am 25. Juni 1804 in Paris durch die Guillotine vollzogen. Seine letzten überlieferten Worte lauten: »Vive le Roi - Es lebe der König!« Nach der Restauration wird er postum zum Marschall von Frankreich befördert. Georges Cadoudal wird zu einem der vielen bretonischen Nationalhelden.

In der französischen Literatur wird die Chouannerie als Teil des „Bürgerkriegs im Westen" beschrieben.

„[...] in Betrachtung namentlich des barbarischen Zustandes ihrer schon durch ihren fremdartigen Dialect von allen Verbindungen mit den anderen Bewohnern Frankreichs abgeschnittenen Landeskinder, welche gänzlich dem Einflusse der Priester unterworfen und der Zahl nach drei oder viermal stärker waren als die Vendéer, - in Erwägung all dieser Umstände glaubte La Puisaye (ein Anführer) einen weit furchtbareren Aufstand (als den der Vendée) hervorrufen zu können." Adolphe Thiers um 1830

Charakteristisch für die Chouans ist ihre Organisation in kleinen Gruppen, wahrscheinlich entsprechend der keltisch-bretonischen Clanstruktur und angeführt von einem sogenannten „Häuptling" (in der Literatur oft „Chef" genannt). Ihre Quartier- und Rückzugsgebiete sollen die Ende des 18. Jahrhunderts noch großflächigen Wälder von Fougères, Lorges oder Pertre gewesen sein, in denen die republikanischen Linientruppen mit Artillerie oder Kavallerie nicht operieren konnten. Zwischen 1794 und 1799 bildeten sie zeitweilig jedoch auch militärisch organisierte Divisionen und Armeen, die bis zu 40.000 Mann stark waren. Auf diese Weise können sie eine Zeitlang mit ihrer Guerillataktik dem zentralistischen Staat zusetzen, werden aber letzten Endes zerschlagen.

Im 19. Jahrhundert hat die Bretagne keinen Anteil an der Industrialisierung Frankreichs; die Region verarmt und es kommt zu Massenabwanderungen. Erste bretonische Parteien formieren sich, die eine unabhängige Bretagne fordern. Die Bretonen fühlen sich zwangsweise an Frankreich gebunden und gleichzeitig verlassen. Francois René de Chateaubriand schreibt: »Ich fand mich bald in meinem heimatlichen Lande vereinsamter, als ich es auf fremder Erde gewesen war.«

Während des ersten Weltkriegs werden Bretonen gerne als Kanonenfutter an die vorderste Front geschickt. Keine andere französische Region muss in den vier Jahren des Kriegs so viele Verluste hinnehmen wie die Bretagne. Bei der französischen Infantrie werden Bretonen regelrecht verheizt – 300.000 von ihnen fallen; ein Zehntel der bretonischen Bevölkerung. Gleiches geschieht im Zweiten Weltkrieg.

1931 wird die „Parti national breton" gegründet. Diese nationalistische Partei ist stark von internationalen keltisch-ideologischen Gedanken beeinflusst und eifert der irischen

Unabhängigkeitsbewegung nach. Unglücklicherweise stehen sie auch dem Faschismus nah. 1944 wird die Partei aufgelöst.

Bereits seit Ende des Ersten Weltkriegs hatte sich die bretonische Nationalistenbewegung stetig verstärkt. Ende 1930 gründet Célestin Lainé zusammen mit Guillaume Berthou die Untergrundorganisation Gwenn-ha-Du („Weiß und Schwarz", nach den bretonischen Nationalfarben), die nach dem Vorbild der irischen IRA die „Direkte Aktion" sucht. Dieser Splittergruppe werden zahlreiche Bombenattentate zugeschrieben, von denen eines 1932 das Denkmal der Angliederung der Bretagne an Frankreich am Rathausplatz von Rennes zerstört. Als Sprengsatz soll eine von Lainé mit Nitroglycerin gefüllte Milchdose gedient haben.

Obwohl Lainé stets im Verdacht stand, der Anführer der Gwenn ha Du zu sein, kann ihm dies von der Justiz nie nachgewiesen werden. Am 29. Juni 1938 kommt es schließlich vor der Strafkammer des Gerichts in Rennes wegen einer Serie antifranzösischer Graffiti zu einem ersten Prozess der Dritten Französischen Republik gegen bretonische Autonomisten. Lainé, der unter den Angeklagten ist, weigert sich, den Richtern auf Französisch zu antworten. Er lässt von seinen Anwälten eine Erklärung verlesen, in der er für sich die strengste Bestrafung verlangt, um zum Märtyrer für die kommende bretonische Republik zu werden. Das Gericht verurteilt ihn schließlich „nur" zu einigen Monaten Haft. Lainé wird im Juni 1940 von deutschen Truppen aus der Haft befreit und benennt seine Truppen in „Lu Brezhon" (Bretonische Armee) um. Anfang Juli 1940 ist er zusammen mit anderen Gleichgesinnten Gründungsmitglied des Comité National Breton (C.N.B.).

Diese nach Unabängigkeit strebenden Bretonen erhalten also unerwartete Unterstützung: Die Nazis marschierten 1940 ein und besetzten das Land ihrer „keltischen Brüder". Lainé selbst lebt ab 1945 noch eine Zeitlang in Deutschland im Untergrund, bevor es ihm schließlich gelingt, nach Irland zu entkommen. 1944 wird er in Rennes in Abwesenheit zum Tode verurteilt. Obwohl er von den französischen Geheimdiensten

lange gesucht wurde, lebt er bis zu seinem Tod unbehelligt in der Republik Irland. Seinen testamentarischen Verfügungen entsprechend, wurde Lainés Asche 1988 von bretonischen Nationalisten auf dem Schlachtfeld von Saint-Aubin-du-Cormier, Département Ille-et-Vilaine verstreut. In der Endphase des Guerre folle war dort 1488 die bretonische Armee und ihre englischen, gascognischen, deutschen und spanischen Verbündeten der Armee des französischen Königs Karl VIII. unterlegen.

Trotz großer Nähe zum deutschen Nationalsozialismus hatte Célestin Lainé sehr individuelle politische Ideen, die von romantischen Vorstellungen über das Keltentum und neuheidnischer Esoterik geprägt waren. Trotz seiner Rolle als hoher Priester der „keltischen Rasse“ pflegte er eine Liebesbeziehung zu einer japanischen Studentin in Deutschland. Olier Mordrel, der Mitbegründer der Parti autonomiste breton schreibt über Lainé: »Er war ein seltsamer Mann, der Prophet einer keltischen Religion eigener Art, in der sich nordischer Rassismus mit Nietzsches Willen zur Macht verband, nicht ohne einen Hauch romantischen Druidentums.«

Die deutschen Besatzer brachten den Bretonen einige Aufmerksamkeit entgegen, dennoch wollten die meisten Bretonen nicht viel von von den Deutschen wissen. Unter der Regierung von Marschall Pétain wird ein bretonisches Beratungskommitee gegründet. Viele Bretonen beteiligten sich aktiv am – zumeist im Untergrund ausgetragenen – Kampf gegen die deutschen Besatzer. Es wird ihnen nicht gedankt. Nach dem Zweiten Weltkrieg glauben viele Franzosen, die Bretonen hätten mit den Deutschen kollaboriert. Es war zwar nur eine Minderheit bretonischer Nationalisten, die mit den Deutschen zusammengearbeitet hatte – die Mehrheit der Bretonen kämpfte in der Résistance, doch alle, die sich für die bretonische Kultur und Sprache einsetzen, werden von den Franzosen unter Generalverdacht gestellt und viele werden kurzerhand standrechtlich erschossen.

In den 50er Jahren erholt sich die nationalistische Bewegung wieder, auch wenn es bis 1954 an den Schulen verboten ist, Bretonisch zu sprechen. Anfang 1960/1961 protestieren bretonische Bauern – nein, nicht mit Blumenkohl, sondern mit Artischocken – gegen marktbeherrschende Gemüsehändler im Finistère. Die Bauern setzen sich durch und gründen eine Genossenschaft. Mitte der 60er werden endlich wieder bretonische Vornamen offiziell erlaubt. Dennoch kommt es auch zu Bombenanschlägen auf Einrichtungen des französischen Staats. In den 70ern gründen die Bretonen privat finanzierte Kindergärten und Grundschulen, in denen ausschließlich Bretonisch gesprochen wird. Zweisprachige Orts- und Straßenschilder werden in den 80ern aufgestellt – doch bis heute ist Bretonisch als Sprache in Frankreich offiziell nicht anerkannt.

Inzwischen findet man Bretonen nahezu überall. Die Pariser Region ist vermutlich die größte „bretonische" Stadt überhaupt. Eine Million soll es von ihnen im Großraum Paris geben. Getrieben von der Notwendigkeit zu arbeiten, wanderten Millionen Bretonen aus. Kollektive Auswanderungswellen führten zwischen 1920 und 1950 zur Ausbildung bretonischer Gemeinwesen in den Vereinigten Staaten, in Argentinien und Kanada.

23 PHARE D'ECKMÜHL

Ein Leuchtturm mit deutschem Namen? Der 1897 eingeweihte Phare d'Eckmühl mit dem ungewöhnlichen Namen ist mit 60 Metern Höhe einer der höchsten Leuchttürme Europas und auch einer der vielbesuchten. Der Turm sichert eine der gefährlichsten Küsten Frankreichs. Wie aber kam er zu seinem Namen?

Im Jahr 1882 beschließt die französische Regierung ihre Leuchtsignale an der Küste zu modernisieren und zu elektrifizieren. Das neue Beleuchtungskonzept für den Phare d'Eckmühl sieht eine Höhe von 60 Metern vor; der Leuchtturm ist aber nur 40 Meter hoch. Es stellt sich als technisch unmöglich heraus, ihn um weitere 20 Meter zu erhöhen, um die Reichweite des Leuchtfeuers von im Schnitt 100 Kilometern zu erreichen. 1890 ringt man sich zu einem Neubau durch, der 110.000 Francs kosten soll.

1892 kommt es zu einem unerwarteten Geldsegen. Die Marquise Adélaide-Louise d'Eckmühl de Blocqueville und Tochter des napoleonischen Generals Davout bestimmt in ihrem Testament eine Summe von 300.000 Francs zur Errichtung eines Leuchtturms an einem gefährlichen Kap der französischen Küste. 300.000 Francs sind in der damaligen Zeit ein wirklich großes Vermögen. Ihre einzige Bedingung: Der Leuchtturm soll mit dem Namenstitel ihres Vaters benannt werden und an der bretonischen Küste stehen. Fragen Sie sich auch gerade, warum der Leuchtturm nicht Phare Davout heißt? General Davout hatte im Jahr 1809 den napoleonischen Truppen in Bayern in der Schlacht von Eckmühl zum Sieg verholfen und war deshalb von Bonaparte zum „Prinzen von Eckmühl" ernannt worden.

24 DIE MUTTER GOTTES DER SCHIFFBRÜCHIGEN

Ein steiler Pfad führt über blankgewaschene Steine zu den rasiermesserscharfen Felsspitzen der Pointe du Raz. Von weitem schon sieht man auf dem Plateau die Marmorskulptur, die Mutter Gottes der Schiffbrüchigen, errichtet auf einem Granitsockel des Pointe du Raz, der 72 Meter hoch ins Meer hinausragt. Zahlreiche Legenden ranken sich um diese geheimnisvolle Gegend. Zum Beispiel die „Hölle von Plogoff", einem Stollen, der durch das Meer in dieses Kap gegraben wurde; dort soll der Ort sein, an den die Ertrunkenen zurückgebracht werden und deren Stöhnen man vernehmen könne, wenn man ganz still sei.

25 BUCHT DER VERSCHIEDENEN

Zwischen der Pointe du Van und der Pointe du Raz versteckt sich ein Traumstrand an einer legendären Bucht: La Baie des Trépassés – die „Bucht der Verschiedenen". In keltischer Zeit, so die Überlieferung, wurden hier die Körper verstorbener Druiden in ein Boot gebettet und zur einige Kilometer westlich gelegenen Insel Sein hinübergesegelt, um sie dort in geweihter Erde beisetzen zu können.

Die Meeresströmung hier am Kap sorgte zu Zeiten, als die Seefahrt noch sehr viel gefährlicher war als heute, dafür, dass immer wieder die Leichen ertrunkener Seefahrer an den Strand

gespült wurden. Man kann sich gut vorstellen, dass die mittellosen Bretonen eher an gestrandeter Schiffsladung interessiert waren, als an der Bergung und Bestattung der Leichen oder gar der Rettung Überlebender. Es heißt, die Küstenbewohner hätten gezielt irreführende Feuer gezündet, damit die Schiffe auf den Felsen zerschellten.

Bis heute ist umstritten, wo die in grauer Vorzeit vom Meer verschlungene Stadt „Ys“, sozusagen das bretonische Atlantis, versunken ist. Gab es Ys überhaupt? Hartnäckig hält sich die Vorstellung, dass Ys an der Baie des Trépassés gelegen sein soll. Eine weitere Legende erzählt, dass hier in der Bucht der Verschiedenen die Seelen der Verstorbenen um Mitternacht am Strand auf die Totenbarke warten, die sie in das Paradies hinter dem Horizont bringen wird.

26 CHAPELLE ST-MICHEL-DE-RASPARTS

Der höchste Berg der Bretagne ist der Roc Trévezel mit 384 Meter. Man kann sich aber auch mit der zweithöchsten Erhebung, dem unwirtlich wirkenden Montagne St. Michel und seinen 381 Metern zufrieden geben, denn die kleine Kapelle auf seiner Spitze bietet ein romantisches Ziel.

Sie wurde im 17. Jahrhundert an der Stelle errichtet, an der es in alten Zeiten einen Tempel gab, der der Sonne gewidmet war. Im Osten liegt steppenähnliche Heide und Moor sowie ein künstlich angefüllter See (Yeun-Elez), der sogenannte Höllensumpf. Der Überlieferung nach bildet er den Eingang zum Reich der Toten, wo der Legende zufolge der Erzengel Michael den Teufel schlug und in die Unterwelt verbannte. Daher der Name „Saint Michel". Die Kapelle hatte die wichtige Aufgabe, über die Seelen der im Moor Versunkenen zu wachen. Vom windumbrausten Montagne St. Michel überblickt man im weiten Umkreis die Anhöhe des Ménez-Hom und die Kämme der Montagnes Noires und der Monts d'Arrée.

27 CHATEAU TONQUÉDEC

Die Bretagne ist reich an Schlössern und Burgen. Eine der größten ist die Burg von Tonquédec oder besser gesagt, das, was von ihr übrig ist. Die Grundsteine wurden im 12. Jahrhundert gelegt. 1394 wurde das Gebäude auf Geheiß von

Johannes dem Vierten zerstört. Anfang des 15. Jahrhunderts baute man die Burg wieder auf. Doch Kardinal Richelieu ließ – bretonische Rebellionsgelüste erahnend – vorsorglich alle Festungen des bretonischen Adels schleifen – darunter auch Tonquédec im Jahr 1626. Die Burgherren Rolland II. und Rolland III. de Coëtmen waren übrigens mit dem Sohn der Piratin „Löwin der Bretagne“, Olivier V. de Clisson verbündet, der mit dem Herzog der Bretagne, Johann IV. im Streit lag. Später wurde die Burg wieder aufgebaut.

Während der Hugenottenkriege ließ der protestantische Eigentümer Gouvon de la Moussaye die Burg modernisieren, zu einer Festung ausbauen und mit Artillerie bestücken. Die Burg bot so einen hilfreichen Zufluchtsort für Hugenotten.

28 CHATEAU DE TRÉMARZAN

Die Ruine des Chateau de Trémarzan trotzt seit Jahrhunderten den Zeiten. Sie wurde im 9. oder 10. Jahrhundert erbaut und gehörte der Adelsfamilie du Chastel, die Ende des 16. Jahrhunderts ohne männliche Nachkommen blieb.

Zwischenzeitlich wurde die Burg zerstört, doch Mitte des 13. Jahrhunderts mit Finanzmitteln aus den Kreuzzügen wieder errichtet. Wild wuchert die Natur in den einstigen Wallgräben, und Ginstergebüsch bedeckt große Teile der seit langem eingestürzten Wohngemächer, aber der 30 Meter hohe Burgfried trotzt bisher noch erfolgreich dem Verfall. Man weiß nicht, ab wann der Verfall begann, doch ist bekannt, dass die Bauern die Räumlichkeiten des Chateaus noch im 18. Jahrhundert als Ställe nutzten.

Eng verbunden mit der Familie du Chastel und dieser Burg ist die Legende vom Heiligen Tanguy. Der Urvater der du Chastels wird seit 525 Galonus genannt, der mit seiner ersten Frau mehrere Kinder hatte. Nach dem Tod seiner Frau heiratet Galonus eine Engländerin. Das Verhältnis zwischen Stiefmutter und den Kindern scheint nicht das Beste gewesen zu sein, denn eine der Söhne, Gurguy, flieht vor der Schwiegermutter an den Hof des Frankenkönigs Childebert I.. Als Gurguy nach zwölf Jahren zum Chateau de Trémarzan zurückkehrt, erfährt er von der Stiefmutter, dass seine Schwester Haude in Wahrheit Intrigen gesponnen habe. Gurguy glaubt das und enthauptet seine Schwester am 18. November 545. Noch am gleichen Abend erscheint ihm seine Schwester Haude mit ihrem Kopf in den Händen. Sie ruft: „Ich bin unschuldig! Ich verzeihe Dir!" Dann stirbt sie. Der verzweifelte Gurguy wirft sich Paulinus Aurelianus, dem Bischof von Léon zu Füßen. Kurz darauf tritt er unter dem Namen Tanguy in den Orden des Aurelianus ein und gründet mehrere Klöster. Unter anderem auch die Abtei Saint-Mathieu. Seither ist er unter dem Namen Tanguy von Locmazhé bekannt und seine unglückliche Schwester Aude als Aude de Trémarzan.

Nachtrag: Paulinus Aurelianus (auch Paol) gehört neben Maklou (bret. Sant Maloù), Samson von Dol (bret. Sant Samzun a Zol), Brieuc (bret. Sant Brieg), Tugdual (bret. Sant Tugdual a Dreger), Corentin (bret. Sant Kaourintin a Gemper) und Paterne (bret. Sant Patern a Wened) zu den sieben Gründungsbischöfen der Bretagne. Ursprünglich stammte er aus Wales, wo er auch seine Ausbildung erhielt. Nachdem er in Wales Kirchen und Abteien gegründet hatte, ging er in das Gebiet der heutigen Bretagne und gründete Klöster in Lampol, auf der Ile-d'Ouessant, auf der Ile-de-Batz. Frankenkönig Childebert I. ernannte ihn zum ersten Bischof der Stadt Saint-Pol-de-Léon.

29 SAINT MATHIEU

Schroffe, von Wind und Meer umtoste Felsen, 30 Meter über dem Meer und ein imposanter, über den Ruinen einer alten Abtei wachender Leuchtturm... ein herrliches Bild, dessen Charme auch Skeptiker verfallen müssen. Die Pointe Saint-Mathieu ist so etwas wie ein Konzentrat der Bretagne. Von dem in unmittelbarer Nähe gelegenen Hafen Le Conquet aus fahren Schiffe zu den Inseln Ouessant und Molène ab.

Der Legende zufolge sollen Händler aus dem Léon, die den Leichnam des Heiligen Matthäus nach Hause brachten, vor dieser Landspitze wundersam vor dem Schiffbruch gerettet worden sein. Im 6. Jahrhundert gründet Tanguy hier ein erstes Kloster, um die Reliquien des Heiligen aufzubewahren. Von der Abtei sind heute noch die romanische Fassade, die Steingewölbe des Chors und die Arkaden des Kirchenschiffs übrig. Gehen Sie hier in der Abenddämmerung spazieren, denn zu dieser Tageszeit und vom Leuchtturm beschienen, wirkt die Abtei am allerschönsten. Dahinter birgt die Kapelle Notre-Dame-de-

Grâce ein kleines Museum mit einigen Überresten der ehemaligen Abtei.

Bei den Kelten hieß dieses Kap Penn Ar Bed, der Anfang (!) der Welt. Vermutlich bereits im 6. Jahrhundert wurde hier ein

Kloster gegründet, in dem der Sage nach der Schädel des Apostels Matthäus im Reliquienschrein aufbewahrt wurde. Im 13. Jahrhundert wurde das Kloster geplündert und zerstört – und damit alle Beweise für diese Behauptung vernichtet. Die heutigen Mauerreste stammen von dem im 16. Jahrhundert von Benediktinern wieder aufgebauten Kloster. Der Turm der Klosterkirche diente bereits seit 1740 als Leuchtturm.

30 POINTE DE DINAN

Die Pointe de Dinan, (bretonisch Beg Din) mit dem Chateau de Dinan, einer Felsmasse, die durch einen Gesteinsbogen mit dem Festland verbunden ist, verzaubert mit zerklüfteten Felsformationen – zum Teil als Felsen- oder Brandungstor durchbrochen – und einem herrlichen Küstenwanderweg.

NACHWORT

Die Bretagne ist circa 27.180 Quadratkilometer groß und derart vielfältig, dass wir kapitulierten und uns auf Streifzüge in Bildern und Geschichten beschränkt haben. Auch haben wir bewusst auf ein Kapitel über den berühmten Mont Saint-Michel verzichtet. Die Einen behaupten, er gehört noch zur Normandie, während andere ihn der Bretagne zuschlagen. Wie auch immer - er ist der touristische Anziehungspunkt und wir finden, es sind genug Buchstaben in zig Reiseführern für ihn und seine Spaliere aus Souvenirläden verwendet worden.

Wir wünschen Ihnen Tage voller Zauber in diesem rauhen Landstrich, in dem man die Häuser zwischen Felsen baut, damit sie gegen den erbarmungslosen Wind geschützt sind. Machen Sie sich auf ins Land der Freibeuter und Korsaren, in jenen Winkel, der als verfluchter Verbannungsort für Beamte gilt. Lassen Sie sich für eine Reise besser nicht mehr allzu viel Zeit, denn man trifft immer seltener ältere Frauen, die im Pays bigouden, die berühmte aufragende Coiffe tragen, das Bretonische ist eine sterbende Sprache und statt aufs Meer hinaus zu fahren, gehen immer mehr Bretonen bei Citroen und anderen Konzernen arbeiten.

Die Zeit und die Moderne macht auch vor dem rätselhaften Keltenland nicht Halt. Also, packen Sie die Koffer und denken Sie daran: Der Guide Michelin verteilt seine Sterne nach folgendem Prinzip: Einen Stern für besondere Sehenswürdigkeiten, zwei Sterne für Sehenswürdigkeiten, die einen Umweg lohnen und drei Sterne für Sehenswürdigkeiten, die eine Reise lohnen. Die Bretagne ist durchgängig drei Sterne wert. Sehen Sie selbst!

QUELLEN

http://www.bretagne-reisen.de/die-bretagne-entdecken/ueberraschende-sehenswuerdigkeiten/huelgoat
http://fr.wikipedia.org/wiki
http://de.wikipedia.org
http://ancient-wisdom.co.uk/francestuzec.htm
http://www.bretagne-tip.de
http://thermidor.de
http://www.bretagne-netz.de
http://www.nancy.cc/2011/09/08/fighting-for-breton-baby-names-in-france/
http://www.megalithic.co.uk/article.php?sid=8992
http://www.stonepages.de/db/stonepages.php?id=16
http://www.gruenverlag.de/ronan
http://www.eichfelder.de/kulte/megalit/_menhire/04_brauchtum.html
http://www.guerlesquin.fr/fr/championnat-du-monde-de-lancer-de-menhir.php
http://www.planet-wissen.de/laender_leute/frankreich/bretagne/index.jsp
http://www.bretagne-netz.de/168/Maerchen-Sagen-Mythen.html
La question bretonne, 1975, R. Dulong,
Bretagne, APA-RV Verlag
Bretagne, Handbuch für individuelles Entdecken, W. Krusekopf, E. Homann, Reise Know-how Verlag Peter Rump GmbH
Bretagne, M. Görgens, DuMont Reiseverlag
Bretagne, Keltenland am Atlantik, H. Schreiber, Fischer TB Verlag
Sagen aus Frankreich, B. Schulz, Fischer TB Verlag
Asterix, Goscinny/Uderzo

Über die Autoren

Lisalina Sagner. Die Liebe zur Bretagne und zur bretonischen Sprache packte die Autorin - wie bereits in „Schuld ist die Amoco Cadiz" beschrieben, sehr früh. Auch wenn es dann doch nicht zum geplanten Bretonisch-Deutschen-Wörterbuch gereicht hat, ein Streifzug durch die Bretagne in Geschichten und Bildern, die von Herzen kommen, musste es einfach sein. Als die Autorin und ehemalige Online-Redakteurin, die unter ihrem Realnamen weitere thematisch nicht-verwandte Sachbücher veröffentlicht hat, das Angebot des Fotografen Yannic Busbach erhielt, gab es kein Zögern und keine Ausreden mehr. Die Autorin lebt mit ihrer Familie im Rheinland und freut sich sehr darüber, jeden Tag das tun zu können, was ihr eine Riesenfreude macht: Schreiben.

Yannic Busbach. Keine Landschaft ist vor ihm und seiner Kamera sicher, seit sein Opa ihm eine ein russische Spiegelreflexkamera gab. Längst ist sie einer digitalen gewichen und so entstehen Bilder von schroffen Küsten, lieblichen Tälern und romantischen Ruinen. Wenn er mal die Hände frei hat und nicht durch den Sucher seiner Kamera blickt, spielt er Klavier und Computerspiele. Gerne beweist er allen Kulturkritikern, dass „Gamer" für ihr Leben gern lesen. Zur Zeit absolviert er ein Master-Studium im Bereich Design und lebt in Nord-England.

13210442R00060

Printed in Poland
by Amazon Fulfillment
Poland Sp. z o.o., Wrocław